AF242613

DE LA

NTALITÉ ALGÉRIENNE

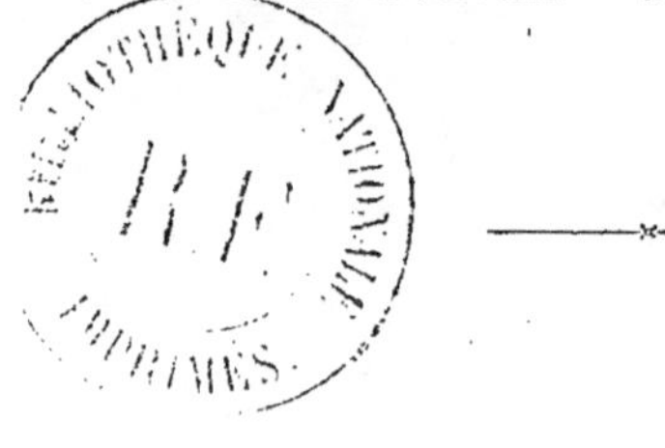

(A PROPOS DE LA QUESTION DES ÉTRANGERS)

PAR M. P. TROLARD

BLIDA

IMPRIMERIE ADMINISTRATIVE A. MAUGUIN

Place d'Armes

1903

DE LA

MENTALITÉ ALGÉRIENNE

(A PROPOS DE LA QUESTION DES ÉTRANGERS)

PAR M. P. TROLARD

BLIDA
IMPRIMERIE ADMINISTRATIVE A. MAUGUIN
Place d'Armes

1905

DE LA MENTALITÉ ALGÉRIENNE

(A propos de la Question des Étrangers)

Après la communication si documentée de notre collègue, M. Paoli, il ne peut rester dans l'esprit de personne la moindre illusion, non seulement au sujet de la situation dans laquelle se trouve la population française vis-à-vis de la population étrangère, mais encore et surtout au sujet de l'avenir qui est réservé à notre faible groupement, si l'on n'obvie au plus tôt aux causes du mal. Déjà les Etrangers, naturalisés ou non, sont égaux en nombre aux Français d'origine dans l'ensemble des trois départements. Dans celui de l'ouest, ils ont une supériorité écrasante. Au chef-lieu du département, ils sont 40 000 en face de 20.000 Français d'origine et le chiffre des électeurs naturalisés équilibre celui des électeurs français.

Ces tristes constatations ont-elles ému l'opinion publique ? Hélas, non ! Que, dans un assez grand nombre de communes, l'élément naturalisé soit absolument maître des élections ; que, dans beaucoup d'autres, il fasse pencher la balance en faveur du parti auquel il se joint ; que, dans les élections générales, il soit dès à présent l'arbitre de nos luttes politiques, ces constatations n'ont pas dépassé le cercle de quelques conversations ou de quelques discussions en petits comités. En vain, depuis plus de vingt ans, quelques hommes ont-ils jeté le cri d'alarme ; nos concitoyens sont restés, pour la plupart, absolument indifférents.

L'histoire, fantaisiste peut-être mais assurément très suggestive, du touriste qui, après avoir visité la ville d'Oran, demande à son guide de le conduire au consulat français, les a tout bonnnement fort réjouis. Ils ont trouvé très originale la boutade de ce journaliste qui invita le conseil municipal de Mers-El-Kébir, (lequel est composé de 11 conseillers naturalisés et de 1 français[1],) à exiger un passe-port de tout Etranger, c'est-à-dire de tout Français, voulant pénétrer sur le territoire de la commune.

Dans ce fait que certains conseils municipaux ont voté des subsides à l'Espagne, pour l'aider dans la guerre de Cuba, nos concitoyens n'ont vu qu'une expression de sentiments peut-être déplacés, mais très louables.

---

[1] Les 323 électeurs naturalisés ont bien voulu permettre aux 55 électeurs français d'envoyer un d'entre eux siéger à côté de leurs représentants.

Lorsque l'organe des « revendications espaguoles, » *El correo espanol*, journal imprimé dans la langue maternelle, a demandé que « l'on fasse enfin place à ses compatriotes dans toutes les assemblées électives, » ils ont trouvé la prétention un peu excessive, mais en somme très justifiable.

Ils ont fait très bon accueil au *Heraldo espanol* « organe des aspirations de la colonie espagnole » et qui avait pris pour devise : « l'amour de la mère patrie ! »

Ils ont accepté les yeux fermés les raisons qu'on leur a données, pour expliquer la conduite chevaleresque de la très grande majorité des italiens naturalisés, qui ont en poche leur livret de l'armée du roi bien aimé.

Une assemblée élective, le conseil général d'Oran, s'est cependant quelque peu émue de la situation ; il faut malheureusement constater que le vrai motif de sa manifestation n'avait pas précisément un objectif supérieur. Voici le vœu émis par cette assemblée :

« Considérant que sur cent communes dont se compose le territoire civil, l'élément étranger est plus important que l'élément français dans quarante-trois d'entre elles et que, dans vingt de ces dernières, l'élément étranger est de 2 à 6 fois plus important que l'élément français ;

« Considérant que la promulgation de loi du 26 juin 1889, en Algérie aura pour effet, dans un temps relativement très court, de confier l'administration de nos communes et du département à des français de la veille, n'ayant pas nos mœurs et les mêmes aspirations nationales, bien que légalement français ;

« Considérant qu'en vertu de la convention de 1862, un espagnol venant on ne sait d'où et n'offrant par cela même aucune garantie de moralité, peut ouvrir un débit de boisson, ce qui rend les investigations de la police bien difficiles :

« Emet le vœu, pour éviter plus tard les plus graves complications : 1° Que la loi du 26 juin 1889 ne soit plus applicable en Algérie ; 2° Que les demandes en naturalisation soient examinées avec plus de circonspection ; 3° Que le gouvernement prenant souci de cette situation d'infériorité, concentre tous les efforts de la colonisation sur le département d'Oran pour, arriver à contrebalancer l'influence de l'élément étranger ; 4° Que la convention de 1862 soit révisée. »

On le voit, il s'agit plutôt de mettre fin à la concurrence que font les naturalisés aux marchands de goutte français !

Tout d'abord. demandons-nous si la mentalité algérienne, dont l'indifférence de la population française en face de l'avenir est un des symptômes, existe réellement.

M. le député Legrand, dans son rapport sur le budget de l'Algérie, affirme n'avoir rien constaté de nature à lui faire croire à une mentalité particulière et qui se traduirait par des tendances à la séparation.

« En toute franchise, dit-il, plus nous avons regardé et écouté et moins nous avons cru à ce soi-disant péril. »

Mais voici deux autres députés qui ne sont pas du même avis ; ils ont entendu, eux, un autre son de cloche. C'est d'abord M. Pourquery de Boisserin, qui s'exprime ainsi :

« L'enquête nous a révélé qu'il existait malheureusement en Algérie les germes d'un esprit particulier, indéniable, avoué. Il est le fruit malsain de bien des causes que le temps ne nous permet pas d'analyser. Sans danger immédiat, il peut devenir un péril.

« Les Français d'origine, que les liens d'intérêts de famille attachent à la Mère-Patrie qu'ils aiment avec le sentiment puissant fait des souffrances, des espérances communes, du souvenir des gloires et des défaites héroïques, de la pensée reportée vers ce coin de terre où les pères ont vécu, où reposent la mère, le frère, la sœur, sont enserrés au milieu d'une population étrangère prolifique, qui ne connait pas la France. Naturalisés globalement par des lois successives, toutes regrettées, ces Etrangers, qui n'avaient point sollicité le titre de citoyen français, n'en comprennent pas la grandeur ; ils n'en aiment pas les devoirs. Un grand nombre, pour ne pas dire tous, parlent et pensent dans une autre langue. Les souvenirs, les intérêts les écartent de nous et très lentement viendra l'heure (si même elle doit jamais venir pour quelques uns) de l'assimilation, qui leur donnera l'âme française.

« Grossir ce péril serait une faute. Ne pas le voir, le surveiller, l'éviter serait plus qu'une faute. »

Voici ensuite l'opinion de M. Berthet, rapporteur du budget de l'Algérie en 1902 :

« Nous croyons enfin devoir signaler une des conséquences déjà perceptibles de l'autonomie financière accordée à l'Algérie. C'est la nécessité de nous préoccuper, dès à présent, d'un danger, déjà né, qui menace d'aller toujours grossissant et qui, si l'on n'y porte remède, deviendra capital. Nous voulons parler de l'accroissement formidable de la population de sang étranger et indigène par rapport à la population de race française.

« ...Quels sont les sentiments de la grande masse de tels naturalisés ? Connaissent-ils notre pays, nos mœurs, nos traditions nationales ?...

« La grande masse des naturalisés n'a donc que bien peu l'âme française. Mais il ne faudrait pas conclure de là que les naturalisés auraient gardé autre chose qu'un attachement platonique à leur ancienne patrie et qu'ils rêveraient de livrer à celle-ci l'Algérie, s'ils en avaient un jour le pouvoir.

« Mais il ne faut pas oublier que tous ces naturalisés, ou du moins l'énorme majorité, ont été chassés de leur pays par la misère et les exigences du fisc. Ils ne se soucieraient nullement de voir un jour le fisc du pays natal venir pressurer l'aisance qu'ils ont acquise sur notre sol ; mais ils se font peu à peu une âme algérienne, si nous pouvons parler ainsi, et rien qu'algérienne.

« C'est là un sujet de préoccupation pour l'avenir et c'est par là que l'autonomie financière pourra constituer un grave danger, le jour où ces hommes seront la majorité dans les corps élus, comme dans les assemblées financières. Ce jour-là, en effet, comment pourra-t-on obtenir d'eux les mesures, les sacrifices nécessaires pour conserver chez les Algériens le sentiment national, aujourd'hui si vivace, et pour faire que notre colonie reste ce qu'elle est aujourd'hui et ce qu'elle doit rester, le prolongement de la France par delà la Méditerranée ?

« Comment obtiendrons-nous notamment les sacrifices nécessaires pour l'instruction publique, du développement de laquelle on peut surtout espérer un tel résultat ?

« Pour les naturalisés, la France comptera de moins en moins, et le détachement s'en fera peu à peu, sans heurts ni secousses et se fera même, on doit le craindre, dans l'esprit des Français de race. Certes, les Algériens d'aujourd'hui aiment ardemment la France. Combien encore y sont nés et combien de fois, en visitant les colons, n'avons-nous pas été frappés et émus de ce touchant amour du pays natal, dont ils sont si heureux de s'entretenir avec les compatriotes de passage et dont ils parlent avec tant d'enthousiasme à leurs enfants ? Mais cet amour vient chez eux de ce qu'ils connaissent la France, qu'ils y ont vécu et souvent souffert ; mais, parmi leurs descendants, combien la connaîtront autrement que par les récits de leurs ancêtres !

« ...Nous ne voulons certes pas exagérer le danger, qui est né, qui existe, mais qui peut encore être aisément conjuré, pour peu qu'on veuille s'en donner la peine...

« ...Notre conclusion est qu'il faut dès à présent se préoccuper de conserver à l'Algérie la mentalité française et ne pas laisser s'y développer, par la prédominance de l'élément étranger, les idées particularistes qui, derrière la formule anodine de « l'Algérie aux Algériens », feraient naître, dans un délai éloigné peut-être mais fatal, le désir de joindre l'autonomie politique à l'autonomie financière et amèneraient de fil en aiguille les tendances séparatistes.

« On peut déjà relever parfois des traces encore timides de ces idées particularistes : citerons-nous cette opinion assez courante en Algérie que tous les emplois, que toutes les concessions de la colonie devraient être réservés aux Algériens ? »

Il y a donc un péril, un vrai péril. Pour notre compte personnel, à une époque où nous ne passions pas encore pour un retardataire, nous l'avons signalé en 1883 au conseil général d'Alger et en 1885 devant l'Association scientifique d'Alger. Les évènements n'ont fait depuis que confirmer notre conviction, déjà bien assise il y a plus de vingt ans. Les Etrangers sont devenus et sont restés des « *Algériens* ».

Quant aux Français, ils ont subi l'influence de leurs nouveaux concitoyens. Tant qu'ils ne les ont eus que comme voisins, plus ou moins immédiats, le mal a marché lentement ; mais, depuis que la naturalisation automatique a introduit par fournées des Etrangers dans la famille française, il a fait des progrès tels que les moins clairvoyants sont obligés d'en reconnaître l'existence. Les plus optimistes ont eu beau se boucher les oreilles, il a bien fallu qu'ils entendent le cri de ralliement des jeunes générations : « *L'Algérie aux Algériens ! Les fonctions algériennes aux Algériens !* » Il a été question de l'*Algérie libre*, il y a quelques années ; mais, depuis, nous avons eu mieux que cela : nous avons eu la *Libre Algérie*, ce qui est, paraît-il, un progrès considérable dans les revendications du peuple algérien.

Ne veut-on voir dans ces manifestations que des intempérances de langage chez des ultra-méridionaux ? Nous demanderons alors comment on appellera cette autre manifestation émanant, celle-là, d'une personnalité qui jouit d'une très grande autorité aux Délégations financières :

« On ne doit pas oublier que, depuis 1900, un fait considérable est survenu qui a profondément modifié les rapports de l'Algérie avec la France... Les députés et les sénateurs n'ayant plus un centime de dépenses à inscrire à notre budget, ni à en distraire un centime de recettes, doivent scrupuleusement s'abstenir de proposer des mesures qui y tendraient....

« Nous ne voulons plus d'un gouverneur trop puissant vis-à-vis des Délégations et, par contre, trop faible vis-à-vis des ministres métropolitains, qui peuvent le congédier à leur gré...

« Que pense-t-on d'un *statu quo* équivoque et commode qui fournit à la représentation algérienne placée près des ministres les moyens de pénétrer indirectement dans cette sphère des intérêts locaux, dont la loi du 19 décembre 1900 a prétendu cependant rigoureusement les écarter ?... »

Dans ce langage, bien qu'il ne respire pas la cordialité, on ne peut voir toutefois un acte de séparatisme, mais on ne peut ne pas être frappé du soin avec lequel l'auteur de ce langage parle des *profondes* modifications déjà survenues dans les relations entre « l'Algérie et la France. »

Dans les paroles suivantes, le séparatisme n'est pas encore en question non plus ; on se borne à demander des gouverneurs omnipotents et « affranchis de la tutelle ministérielle. »

« Ainsi, la suppression des décrets de rattachement devrait avoir, selon nous, pour conséquence de placer sous l'autorité immédiate du gouverneur les services rattachés en 1881 et aussi les services rattachés en 1848, comme de lui attribuer un droit prépondérant d'immixtion dans les affaires militaires. Affranchi de la tutelle ministérielle, le gouverneur aurait désormais des pouvoirs propres qui s'exerceraient librement dans le domaine administratif, financier, judiciaire et militaire. A cette condition seulement, l'énergique formule proposée par M. Cambon et adoptée par la Chambre, deviendra une réalité, car, à cette condition seulement, on pourra dire qu'en Algérie il n'y a qu'une seule main, tenant un seul drapeau.» (Éd. Cat, *L'Algérie nouvelle*, 1896).

L'Algérie aurait donc à sa tête un gouverneur qui réunirait tous les pouvoirs entre ses mains, y compris la justice et l'armée et qui, point dominant, serait *« affranchi de la tutelle ministérielle. »* Comme « pouvoirs forts, » on ne peut souhaiter mieux ; mais, après tout, le vice-roi d'Algérie ne sera-t-il pas tenu à quelques devoirs envers la France ? Le moins possible ; il aura surtout à traiter avec le *« conseil algérien élu. »*

Qu'est ce conseil algérien élu ?

« Ce qu'il faut surtout souhaiter, c'est que ce conseil de transition (Délégations financières) s'applique, par des mesures bien étudiées, à nous sortir de l'embarras où nous ont mis, en matière fiscale surtout, les rattachements, et qu'il s'applique avec sagesse et esprit de suite à nous valoir, au jour le plus rapproché possible, le conseil algérien élu, qui est le rêve de tous les autonomistes dont je fais partie..... ne pas confondre, s'il vous plaît, avec séparatistes, car vous me connaissez assez pour savoir que je suis un bon français. » Le gouverneur ne présiderait pas le nouveau conseil élu ; il y serait représenté par des commissaires du gouvernement, tout comme dans les parlements.

(Dépêche Algérienne — Interview de M. Alcide Treille, candidat sénatorial).

Enfin, paraît le décret de 1900.

« Bien que le décret du 23 août 1900, portant création des Délégations financières, ait réalisé une fameuse innovation dans le domaine de l'organisation politique et administrative de l'Algérie, en introduisant le principe d'un parlement colonial composé de deux chambres, la chambre des Délégués et le Conseil supérieur, tout n'est cependant pas à admirer, loin de là, dans les articles dont il se compose...» (Félix Dessoliers). Le décret donne satisfaction au chef du parti autonomiste, en ce sens qu'il consacre le « principe du parlement colonial » (sic) ; mais il n'est pas parfait, paraît-il ; aussi signifie-t-on, quelques jours après, au Parlement français d'avoir à cesser au plus tôt la plaisanterie :

« La prétention est au moins singulière de vouloir river à perpétuité la seule assemblée élue que possède l'Algérie, les Délégations financières, à un rôle consultatif en matière de budget algérien......

« La France n'aura jamais rien à craindre des représentants légaux et loyaux de l'Algérie qui, tout en défendant les intérêts de leurs mandants, ne marchanderont pas à la Métropole ce qu'ils lui doivent de soumission et de respect.

« Mais, si vous leur fermez la bouche, sous prétexte d'assurer un ordre que, de votre aveu, ils n'ont jamais pourtant troublé, comme il faut une voix à tout pays opprimé, c'est le peuple, soyez-en sûr, qui criera dans la rue.

« Le passé, et un passé récent, vous répond de l'avenir sur ce point ; prenez garde ! »

(Félix Dessoliers, délégué financier, *Dépêche Algérienne*, 20 janvier 1900).

Le gouvernement français prit-il peur et s'exécuta-t-il sous les menaces du délégué financier « respectueux et soumis » ? Nous l'ignorons ; mais ce que nous savons, c'est que ces menaces furent proférées.

Leur auteur ne nous fait pas connaître ce que le peuple, une fois victorieux, aurait fait de sa victoire ; mais comme ce n'eût pas été très probablement pour acclamer l'oppresseur qu'il eût pris les armes, n'est-on pas un peu en droit de croire que le dit oppresseur eût reçu un congé définitif ? C'est là une bien grave accusation, sans doute ; mais elle repose sur des précédents, qui ne sont pas précisément des propos en l'air. Voici quelques-uns de ces précédents :

« ...Puisque les députés algériens ont l'esprit si césarien, que ne disent-ils avec César : les premiers dans un village plutôt que les seconds dans Rome ? Que ne réclament-ils avec nous le régime qui conviendrait à leurs hautes facultés ! Ici, on ne voit en eux que les satellites du Président de la Chambre. A Alger, dans la représentation coloniale, rien ne les empêcherait, je suppose, de briguer eux-mêmes la présidence et le pouvoir exécutif... Il n'est pourtant pas indispensable d'être par profession député colonial, pour savoir que les colonies anglaises les plus florissantes se gouvernent elles-mêmes. Il y a sans doute des colonies qui ne seront jamais assez fortes pour se séparer de la Mère-Patrie. En général, c'est une question d'âge et de développement...

«...Il ne faut pas plus compter sur l'Algérie que sur les autres colonies ; un jour ou l'autre, la séparation se fera ; tôt ou tard le moment de l'émancipation viendra fatalement.

« Il n'y a donc qu'à en prendre son parti ; tout ce que l'on peut espérer, c'est de conserver avec l'Algérie de bonnes relations, qui permettront à la France de faire le plus de commerce possible avec elle. » (Longuet, *La Justice*).

Cet article publié dans un journal de Paris eût très probablement passé inaperçu en France ; ici, il fut recueilli avec empressement et reproduit en entier dans le journal le plus répandu d'alors, le *Petit Colon*, avec cette circonstance aggravante qu'il lui fût donné pour titre : UN COURAGEUX CONSEIL A SUIVRE.

Depuis, il y eut d'autres manifestations non moins catégoriques.

A un autonomiste qui se plaint que J. Ferry, dans son projet de nouvelle organisation de l'Algérie, ne voit que le gouverneur, un autre autonomiste répond :

« M. Ferry, autoritaire, tend à organiser l'autonomie du gouvernement général au profit du seul gouverneur. Laissons donc faire, en attendant mieux. La logique des choses nous amènera forcément à l'autonomie coloniale, au profit des colons. » (Ch. Marchal, *Petit Colon*, 1892).

« Ici, le dirons-nous, nous avons constaté une résolution virile qui va jusqu'à... l'autonomie coloniale, que certains traduiront par l'expression encore plus énergique de « séparation ».

« L'avenir seul apprendra si ces tendances isolatrices sont favorables à la prospérité du pays. Dans tous les cas, les procédés déplorables de la métropole à l'égard de sa pupille ont presque légitimé les idées les plus radicales à ce sujet. Il ne faudra pas oublier cela, lorsque plus tard le moment sera venu d'établir les responsabilités de scission, si jamais la scission morale qui se prononce de plus en plus aujourd'hui, faisait arriver les choses à ce point. » *(Le Télégramme,* octobre 1896).

En fait de *« résolution virile »*, voici qui est on ne peut plus explicite :

« *L'Algérie prochaine...* Déjà, une Algérie nouvelle se dessine vaguement dans la masse confuse et inorganique où s'élabore notre avenir. Un jour commence à poindre, dont le soleil ne sera plus celui qui resplendit aujourd'hui. Les peuples ont leur vie propre, à laquelle contribuent les influences multiples du milieu où ils sont plongés, comme aussi les influences législatives qu'il leur faut subir. L'âme algérienne est à peine esquissée, mais elle se constitue peu à peu, et s'affirme lentement, sous la juxtaposition accidentelle des individus, d'abord étrangers, progressivement solidaires, et finalement confondus. Certains besoins, les mêmes pour tous, telles difficultés qui se dressent en face du colon quel qu'il soit, préparent cette sympathie mutuelle qui rapproche et cimente les ennemis de la veille, que la même fatalité accable.

« D'autre part, les souvenirs de la Métropole, encore si vifs, s'atténueront peu à peu, après quelques générations, issues du sol même et adaptées aux conditions particulières des lieux. Dans une cinquantaine d'année, il y aura des *algériens* en Algérie, toujours français, mais quelque peu espagnols, italiens ou maltais, sinon légèrement teintés d'arabe. Les traditions historiques et la domination administrative, nous retiendront toujours crampronnés au cœur de la France — et aussi à sa bourse, — mais lentement nous lâcherons prise pour retomber enfin sur nos propres jambes, sans autre patrie que celle où nous aurons vécu, avec d'ailleurs, le souvenir de nos ancêtres immédiats.

« La dislocation est fatale : l'homme suit toujours la nature ; une mer profonde sépare les plaines algériennes de la falaise métropolitaine ; un abîme aussi profond se creuse silencieusement entre les deux âmes, qui déjà commencent à s'isoler. Le Français aura vécu chez lui ; nous vivrons chez nous, hélas ! et de plus en plus éloignés.

« Heureusement, nous avons l'affection tenace ; heureusement aussi, l'Algérie n'arrive pas à se suffire matériellement. Nos yeux, tout notre cœur, et aussi nos mains, sont tendus vers la Métropole, qui reste encore nécessaire à notre actuelle sentimentalité, comme à notre relative misère.

« Mais si la fortune revenait, surgissant tout à coup du désert aride où nos colons peinent sans espoir ; si l'Algérie, soudainement prospère, prenait, sur ses propres ailes, son vol dans l'espace libre du progrès, si, un jour nous pouvions vivre, hélas ! nous voudrions vivre seuls. Les individus ont quelquefois de la reconnaissance ; les peuples rapidement l'ignorent. Un peuple est un organisme qui ne s'embarrasse guère d'une moralité quelconque ; il évolue et se complète sans être jamais retenu par d'autres liens que les besoins matériels ou les intérêts immédiats.

« L'Algérie n'est pas la France, mais les algériens sont encore des Français, parce qu'ils ont encore — et pour longtemps, peut-être — le cœur imprégné de cette solidarité émue, dont l'histoire très longue les pénétra. La France d'ailleurs contribue à notre existence par les subventions nécessaires à notre pitoyable misère. Demain — ou après demain — l'Algérie sera simplement algérienne, le jour où la France aura retiré son bras qui conduit aujourd'hui notre marche hésitante, le jour aussi où notre famille aura pris racine et fait souche dans un sol qui n'est plus celui de la Métropole. Les fleurs et les fruits conservent à peine leur fragile apparence sous les climats différents où ils sont transplantés ; la métamorphose est plus lente pour les hommes ; elle n'en est pas moins fatale, surtout si la législation en facilite la rapidité.

« M. Félix Dessoliers a le premier poussé le cri d'alarme, et mélancoliquement signalé l'inévitable danger. Avec les portes grandes ouvertes par la loi du 26 juin 1889, le torrent étranger fut prématurément précipité au sein même de notre race. Cette situation devrait obliger à certaines précautions ; la Métropole qui nous accable sans pitié hâtera peut-être, et malheureusement, la redoutable échéance. Puisqu'un jour l'Algérie ne doit plus être la France, qu'au moins elle ne soit pas l'ennemi de la France. » (*Akbhar*, 1895, Daniel Saurin).

Nous ne nous sentons pas le courage de faire suivre ces lignes de commentaires quelconques ; nous nous bornerons à relever les lignes où l'auteur met à nu les sentiments dont sont ou seraient animés ses concitoyens vis-à-vis de la Mère-Patrie. Qu'on en juge !

S'ils sont « cramponnés au cœur de la France, les Algériens le sont aussi à sa *bourse* ! » L'auteur n'a pas osé écrire : et surtout à sa bourse ; il s'est contenté de placer sur le même pied d'égalité le cœur et la bourse de la France. Et, afin qu'on ne croie pas à une pensée fugitive et sans importance, il insiste plus loin sur le même sujet. « Heureusement, nous avons l'affection tenace ; heureusement aussi, l'Algérie n'arrive pas à se suffire matériellement. Nos yeux, tout notre cœur et aussi *nos mains* sont tendus vers la Métropole, qui reste *encore* nécessaire à notre actuelle sentimentalité, comme à notre relative misère. Mais si la fortune revenait... nous voudrions vivre seuls. » Et plus loin, pour qu'il ne subsiste pas le moindre doute sur sa pensée, il ajoute : « La France d'ailleurs contribue à notre existence par les subventions nécessaires à notre pitoyable misère. Demain — ou après-demain— l'Algérie sera simplement algérienne...»

La note donnée par M. Daniel Saurin n'est pas restée sans écho. Voici d'abord celle de M. de Solliers :

« Ce qui peut empêcher, ce qui empêchera pendant longtemps et, si l'on veut, ce qui empêchera toujours l'Algérie de vouloir la séparation, c'est une raison financière ; c'est l'impossibilité ou la dépense de faire face aux charges de souveraineté. Le jour où on lui enseignera qu'elle peut ou doit les acquitter, la séparation deviendra possible. »

Voici ensuite la note donnée par un auteur anonyme, mais connu :

« Nous devons désirer que l'Algérie cesse d'être une charge et qu'elle nous indemnise au plus tôt de nos sacrifices. Nous devons également prévoir la séparation comme une échéance fatale et nous y préparer par un régime de transition approprié aux circonstances. Le rêve des assimilateurs a fait son temps.

« L'œuvre néfaste de l'administration n'est plus à dire. Nous avons les pouvoirs forts ; nous posséderons plus tard un conseil colonial et un budget distincts, une administration et des finances à part.

« Ce sera l'autonomie mitigée, qui conduira à l'émancipation complète. » (*Choses d'Algérie*, brochure, 1897).

Voici enfin la note la plus récente donnée au sujet du séparatisme : « ...Ce sont là les raisons principales de la scission de plus en plus profonde qui s'opère entre la France et l'Algérie ; et, si les procédés de la Métropole continuent à être les mêmes, nous allons tout droit et à toute vitesse vers le séparatisme. Ceux qui nient le moment où le fossé qui se creuse de plus en plus entre les deux pays, deviendra infranchissable, ne veulent pas se rendre à l'évidence...» (*Revue Nord Africaine*, avril 1903).

Mais que dira l'Europe de la naissance de cette nouvelle nation ? «...Quant à l'Europe, elle ne pourrait voir que d'un bon œil l'établissement au Sud de la Méditerranée d'une quatrième nation latine qui diminuerait la puissance de la France. » (de Solliers). Ainsi donc, tout est prévu. *La puissance de la France* pourra *être diminuée* par le nouvel état de choses Qu'importe ?

Sont-ce là des manifestations ambiguës ? Leurs auteurs sont-ils des personnalités sans valeur et sans influence ? Il nous semble que l'on n'est guère autorisé à n'y voir qu'un péril imaginaire, comme on l'a dit, et qu'il ne suffit pas de fermer les yeux pour le nier ou de le traiter « d'impie » pour l'écarter.

Qu'à part les individualités qui n'ont pas craint de préconiser la scission ou de la faire envisager comme une échéance fatale, qu'à part ces individualités, disons-nous, la grande majorité de la population française repousse énergiquement toute pensée de séparation, nous en sommes convaincu. Mais qui donc peut se porter garant de l'avenir, surtout quand cet avenir est engagé de telle façon que les appels à la rebellion, s'ils sont restés sans de très nombreux échos, n'ont pas toutefois soulevé les pavés ? Le terrain d'aujourd'hui est encore réfractaire aux idées que quelques-uns y ont jetées ; mais vienne sa transformation sous l'influence d'agents modificateurs plus énergiques que ceux d'aujourd'hui et les semences germeront et porteront des fruits.

Les séparations des colonies d'avec les métropoles ne sont jamais spontanées, affirme M. de Solliers, que nous citerons souvent dans cette étude, parce qu'il figure au premier rang parmi les autonomistes de marque. « Une séparation entre membres d'une même famille, dit-il, est un déchirement auquel on ne se résout qu'à la dernière extrèmité, et l'histoire nous apprend que c'est malgré elles, entraînées par les évènements que les fautes de leurs gouvernants avaient précipitées, que les colonies s'étaient séparées de leurs métropoles. » Bien que l'auteur de ces lignes soit convaincu, avec un historien américain, Ellis Stevens, que « les colons anglais, jusqu'à la veille même de la guerre, étaient contraires à toute idée de séparation », il voudra bien nous permettre d'avoir une autre opinion. Un incendie ne peut éclater là où il n'existe point de matériaux combustibles ; quand cet accident survient, « il n'est pas proportionné à l'étincelle qui lui a donné naissance, mais à la combustibilité et à l'agglomération des matières qu'il rencontre » (Fauvel).

Il est bien difficile d'admettre qu'une faute, aussi grave qu'elle eût été, commise par le gouvernement anglais, ait subitement éveillé l'idée de scission chez des gens qui n'y avaient jamais songé. Nous préférons la première explication, à savoir que les fautes des gouvernants anglais ont précipité la scission. La rupture ou le maintien de la bonne harmonie ne dépendrait donc que du gouvernement français. Celui-ci n'aurait qu'à bien prendre garde de fournir au peuple « franco-algérien », comme l'appelle M. le délégué financier, aucun sujet de mécontentement. Le conseil est probablement excellent ; mais comment le mettre en pratique avec succès ? Nous ne voyons pas bien comment, avec ce peuple, qui entend être et rester maître chez lui — ses débuts sont pleins de promesses à cet égard, on vient de le voir — on pourra entamer une conversation quelconque, sans arriver à le mécontenter.

Déjà, en France, nous dit M. de Solliers, « après les malentendus financiers et les mécomptes économiques des dernières années, une pensée de crainte et de défiance flotte dans l'air. » Et aussi en Algérie, ajouterons-nous. Comme la France et l'Algérie se trouvent actuellement être dans la position tendue ou délicate qui existe presque toujours entre créanciers et débiteurs, les malentendus financiers passeront à l'état aigu, surtout si les mécomptes économiques se répètent, comme il faut s'y attendre dans un pays neuf et dont le climat est irrégulier. Les sujets de mécontentement s'amasseront donc et la séparation deviendra le thème favori des leaders du peuple « néo-latin, » ainsi qu'on l'appelle aussi. Que la France refuse cette fois d'obtempérer à une nouvelle sommation d'un nouveau délégué financier en vue ; qu'à l'appel de ce délégué le peuple « opprimé » descende dans la rue et l'heure propice aura sonné.

Tout en envisageant ainsi l'avenir, nous nous défendons d'accuser de pensées criminelles les auteurs des lignes que nous venons de reproduire, bien qu'elles soient très significatives ; mais nous disons et nous affirmons qu'avec nos dirigeants, ils préparent, sans qu'ils en aient conscience très probablement, les voies qui mènent tout droit à la catastrophe. Et toutes leurs protestations indignées d'aujourd'hui auront été vaines, puisqu'ils ne seront plus là, quand viendra le moment psychologique.

En résumé, qu'on le veuille ou non, des symptômes très nets de séparatisme existent en Algérie et l'heure de la scission — de l'émancipation, comme disent ceux qui ont honte du mot séparation — sonnera fatalement, si l'on ne coupe pas court aux errements actuels.

Le temps où fleurira dans toute son intensité le séparatisme est encore assez loin de nous, Dieu merci ! nous n'en sommes encore qu'à la période préparatoire, à l'algérianisme. Voyons s'il ne serait pas possible d'arrêter le cycle de l'évolution dans cette première période. Pour cela, examinons d'abord les causes qui ont créé la mentalité algérienne actuelle ; nous nous occuperons ensuite des moyens de remédier à ces causes.

A notre avis, cette mentalité procèderait de trois sources différentes : d'abord du contact d'une population étrangère qui n'a ni nos mœurs, ni nos traditions, ni, comme on l'a dit, notre génie national ; en second lieu, du milieu particulier créé par les institutions spéciales qui nous ont été imposées ; en troisième lieu, de l'indifférence de la Métropole vis-à-vis de l'Algérie. Notre collègue M. Paoli, n'a envisagé que le premier point de vue ; nous l'examinerons après lui et nous dirons ensuite quelques mots des deux autres.

De l'influence de la mentalité des populations étrangères sur la mentalité des Français. — Nous n'entendons pas, est-il besoin de le dire ? faire le procès de la mentalité des Espagnols et des Italiens, pour ne parler que de ces deux catégories d'Etrangers. Les uns et les autres ont toutes raisons de s'en montrer satisfaits et même très fiers. Mais nous, de notre côté, nous avons au moins autant de bonnes raisons pour rester résolument attachés à la nôtre.

Sans vouloir établir si peu que ce soit un parallèle désobligeant pour nos voisins, nous pouvons dire que nous ne puisons pas notre mentalité dans de vains sentiments d'amour propre ou dans un étroit esprit de clocher ou dans les fumées du chauvinisme. Notre génie national s'inspire de plus grandes pensées ; il s'inspire surtout du grand rôle humanitaire que notre patrie a su toujours remplir, de l'aveu même de ses ennemis. « La France, a dit un homme qu'on ne peut guère suspecter d'exclusivisme, Elisée Reclus, quoique l'envie et la haine l'aient souvent déclarée à jamais déchue, a certainement sa très grande part dans le travail commun. Son influence et ses idées la rendent tellement utile au monde, qu'on ne saurait s'imaginer l'histoire prochaine des nations, si la France venait à y manquer. » Voilà pourquoi nous sommes, avec le grand penseur, de ceux qui s'attardent encore à l'idée de patrie.

Pur sentimentalisme, dira-t-on ! C'est la science qui seule doit diriger l'organisation et la vie des nations. Certes, le rôle que la science aura désormais à jouer dans les sociétés est considérable ; mais elle devra compter avec un autre facteur : « Elle ne saurait rien supprimer. Le sentiment n'abdiquera jamais ses droits ; il sera toujours le premier mobile des actes humains. » C'est un fanatique de la science, c'est un Maître, qui a dit cela ; c'est Claude Bernard. Nous n'aurions pas osé opposer notre opinion personnelle à la formule sentencieuse dans laquelle on prétend enfermer aujourd'hui la vie des peuples ; mais, fort de l'appui que nous trouvons chez l'un des chefs de l'Ecole positiviste, nous dirons que la principale raison d'être de la France, c'est son sentimentalisme : *In corde, spes, vis et vita.* C'est pourquoi nous ne voulons pas que, dans cette autre France que doit être l'Algérie, la mentalité sentimentaliste soit troublée si peu que ce soit ; c'est pourquoi nous ne voulons pas que la plus haute expression de cette mentalité, qui est l'amour de la patrie, souffre la plus légère atteinte. Or, n'avons nous pas à redouter, dans ce pays, la diffusion d'un esprit national étranger ? La contagion morale d'idées et de principes différents des nôtres, sinon opposés aux nôtres, n'est-elle pas un véritable danger, alors que le foyer d'où elles émanent est déjà si vaste et si près de nous ?

S'il ne s'agissait que d'une petite minorité vivant à nos côtés, il n'y aurait certes pas lieu de s'émouvoir. Mais les chiffres apportés par notre collègue Paoli vous ont montré qu'il n'en est pas ainsi et que les Français d'origine, qui sont déjà en minorité dans ce pays français, ne seront plus un jour qu'une quantité négligeable au milieu de la grande masse des étrangers, si la courbe de progression de ces derniers continue sa marche toujours ascendante. Or, c'est une loi fatale que les majorités absorbent les minorités ; cette absorption exige un temps plus ou moins long, mais le résultat est toujours le même.

Il y a non seulement à compter avec les conséquences du nombre, mais encore avec celles qui résultent de la vie publique commune. La fraternité d'armes pendant les luttes électorales rapproche les distances, rend les relations plus intenses ; et c'est le Français qui, en raison de son caractère ouvert et droit, subit l'influence de son nouveau concitoyen, plus subtil et plus pratique.

D'un autre côté, espérer qu'à notre contact et par le seul jeu de nos institutions, les Espagnols et les Italiens prendront nos mœurs et s'assimileront nos traditions, est une profonde illusion. Ce n'est pas, lorsqu'ils ne sont qu'à quelques heures de leur pays natal, lorsque de leurs nouveaux foyers ils aperçoivent en quelque sorte le clocher de leur village ; ce n'est pas, lorsqu'ils conservent des relations de tous les instants avec leurs familles et leurs amis, et lorsqu'à toute occasion ils s'empressent de se rendre au milieu des leurs ; ce n'est pas, lorsqu'ils se font un point d'amour-propre de ne se servir, entre eux, que de la langue nationale ; ce n'est pas dans de telles conditions qu'on peut leur demander d'oublier la patrie et de s'imprégner de nos usages et de nos mœurs. L'idée de patrie s'efface à la longue dans les colonies lointaines ; les difficultés des relations avec la Métropole amènent insensiblement la tiédeur, puis l'indifférence et l'oubli. Le pays où l'on a fait souche devient la patrie. Il ne peut en être de même pour les Etrangers qui sont venus se fixer dans un pays si voisin du leur, qu'ils se sentent encore pour ainsi dire chez eux. On ne saurait exiger d'eux ce que les Espagnols estimeraient puéril d'exiger des Français établis dans leur pays.

M. de Solliers, qui est un des plus ardents partisans de la fusion des races en Algérie, estime bien que ce sont les Français qui absorberont les étrangers par le jeu des mariages mixtes. Il s'appuie tout d'abord sur un texte emprunté à Ellis Stevens : « Dans toute nation, il y a d'habitude un élément qui est plus qu'un élément, qui est en réalité par essence un noyau, un centre, en un mot quelque chose qui attire et qui absorbe les autres éléments, si bien que ceux-ci ne sont plus des éléments constitutifs, mais de simples unités absorbées dans un tout préexistant. » Commentant ce texte, M. de Solliers ajoute : « Ce centre, ce noyau, en Algérie, c'est l'élément français qui d'ailleurs est merveilleusement constitué par ses traditions historiques, pour exercer cette fonction à laquelle il doit l'unité nationale. »

Si nous ne nous abusons, il nous semble que le délégué financier n'a pas pris garde que l'historien dont il invoque l'autorité parle de « nation », c'est-à-dire d'un groupement déjà fortement constitué. Il est évident qu'un tel groupement n'a rien à craindre d'une infiltration étrangère. Il n'est pas douteux qu'en France cette infiltration ne présente aucun inconvénient. Mais est-ce bien le cas en Algérie ? Le noyau, qui doit être le centre d'attraction, constitue-t-il « le tout préexistant » dont parle l'historien américain ? N'est-il pas, ce noyau, plutôt un milieu de moindre résistance vis-à-vis des éléments qu'il doit absorber ? N'y a-t-il pas lieu de craindre plutôt que c'est lui qui sera absorbé par la masse de ces éléments ?

M. de Solliers est loin de partager cette crainte, parce que le noyau français, même « quand, en apparence, il est attiré, subjugue

encore par sa supériorité mentale le groupe étranger. » Nous ne
demanderions pas mieux que de croire à « la force d'attraction »
que le délégué financier admet comme une vérité parfaitement
démontrée ; mais nous, qui ne voulons juger que par les faits,
nous n'avons à relever comme résultats de la fusion des races
jusqu'à ce jour, que la profonde transformation de l'esprit et du
caractère français, transformation qu'il n'est plus guère possible
de nier, après les accablants témoignagnes que nous avons cités
il y a un instant.

M. le Délégué financier cite volontiers la grande expansion
de l'Australie, expansion qui est due au mélange des races. Mais
ne sait-il pas qu'en dépit des déclarations loyalistes faites à S. M.
britannique par ses sujets coloniaux, lors d'un récent défilé pom-
peux, la séparation de l'Australie n'est qu'une affaire de jours,
peut-être d'heures ? L'exemple n'est donc pas bien choisi. D'un
autre côté, voici le Canada qui regimbe et refuse de mettre la main
à la poche, pour augmenter la marine du Royaume-Uni.

Au surplus, M. de Solliers n'est probablement pas aussi rassuré
qu'il tente de le paraître, sur la francisation du peuple qui doit
se substituer à la race française : « Il est bien préférable pour la
France, dit-il, de prendre nettement son parti du nouvel état de
choses et d'accepter sans arrière-pensée et sans humeur, qu'il se
crée en Algérie un peuple nouveau. » Si l'auteur de ce conseil est
convaincu que son peuple « néo-algérien » conservera intacts le
génie national français et les grandes traditions humanitaires de
notre patrie, pourquoi engage-t-il la France à accepter de bonne
grâce un événement aussi souhaitable, aussi en harmonie avec ses
aspirations ? Le conseil est au moins inutile.

On dit que l'Algérie est un théâtre éminemment propice à une
tentative de fusion des races latines ; nous n'y contredisons pas. ·
Mais d'abord il y aurait lieu de se demander ce que donnerait
comme résultats cette fusion, si jamais elle aboutissait. N'est-il
pas à craindre qu'il n'en résulte qu'un produit hybride, sans
vitalité ? Ce produit, composé d'éléments hétérogènes, se disloquera
aisément au moindre heurt entre ces éléments. Ce sera la guerre
civile à propos d'une question quelconque et le sort des armes
décidera de la nouvelle orientation politique à donner à l'Algérie.
Ou bien un gouverneur mécontent, nouveau Boniface, appellera
des Vandales à son aide et ces derniers resteront. Il n'y a plus de
Vandales aujourd'hui ; mais il y a des nations puissantes qui
sont toutes prêtes à voler aux secours des opprimés. L'histoire
de Cuba est d'hier.

Admettons toutefois que tout aille pour le mieux et que se crée,
sur cette terre hospitalière, ouverte à tout venant, une nation com-
prenant ses devoirs envers la France. Combien de temps faudra-t-il
pour en arriver là ? Un siècle, au minimum. Et pendant ce temps,
que se passera-t-il s'il survient, comme cela est probable sinon certain, une conflagration générale en Europe et peut-être dans le monde
entier ? Du moment où c'est le plus fort qui imposera sa volonté,

on doit prévoir le cas où la fortune nous serait défavorable. C'est alors que, pour tenter de justifier les actes du ou des vainqueurs, on verrait encore intervenir le principe des nationalités. Nos nouveaux concitoyens sauraient alors, invoquant dans quelles conditions ils ont dû subir leur naturalisation, se débarrasser prestement des principes de solidarité qu'ils auraient acquis dans la vie commune de quelques années. Dans des moments pareils, les peuples ne se laissent pas arrêter par les devoirs de la reconnaissance ; les périodes oratoires que ce noble sentiment inspire aux autonomistes sont fort belles assurément. mais sont en discordance complète avec l'histoire Les serments prêtés aux jours des luttes pacifiques du travail ou des élections s'évanouiront en fumée, dès que nos « frères » d'aujourd'hui entreverront la possibilité de devenir les maîtres sur une terre où, après tout, ils ne se sentent que les sujets d'une nation étrangère, pour redevenir les enfants d'une patrie dont ils auront su conserver un pieux souvenir au fond de leur cœur.

Loin de nous la pensée que tels soient aujourd'hui les projets de nos hôtes et de nos nouveaux concitoyens ; mais souvent les événements ne sont-ils pas venus à bout des meilleures résolutions ? Les sujets du fils de l'ex-colonel de uhlans pourraient donc bien composer avec leurs sentiments actuels. Après Magenta, après Solférino, qui eût jamais pu prévoir l'abominable ingratitude des Italiens ? Nous ne nous faisons, pour notre compte personnel, aucune illusion sur les ententes cordiales ou autres qui sont de mode en ce moment ; nous y voyons plutôt les fils d'un vaste traquenard, où, avec notre chevaleresque bonne foi, nous allons nous jeter tête baissée. Plus que jamais notre vigilance doit être tenue en éveil, si nous voulons conserver à la France ce sol qui lui a coûté tant d'existences humaines et tant d'or.

Le développement de notre petit noyau sera-t-il lent ? Eh bien ! nous attendrons ou plutôt nos successeurs attendront, pourvu que ce noyau soit et reste profondément français. Et si le malheur voulait qu'il tombât sous les coups de la force, avant d'atteindre son plein essor, il donnerait au moins à l'Univers l'exemple de la sauvegarde des principes et de la fidélité à la Patrie. Nous aimerions mieux, pour notre part, le voir disparaître noblement ainsi que d'assister à l'éclosion et à la prospérité de ce peuple « franco-algérien » ou « algérien » tout court, qui devra les origines de sa fortune à la France et qui, si l'on en juge d'après ses premières manifestations, n'aura jamais que les mœurs des Carthaginois.

De l'influence des institutions spéciales sur la mentalité algérienne — En 1893, un député, dans son rapport sur le budget de l'Algérie, a pu dire qu'en ce pays « il n'y avait pas d'opinion publique. » Le fait était vrai, mais non exactement spécifié. Ce député aurait dû dire, en effet : « Il n'y a *plus* d'opinion publique en Algérie, » car il y en avait une en 1870 et pendant les dix ou douze années qui ont suivi la proclamation de la République. C'était le temps des Warnier, des Alexis Lambert, des Pomel, des Bertholon, des Armand Arlès-Dufour, des Allier, des Paul Blanc, des Juillet-St-Lager, des Wuillermoz, des Gastu. des Cély, pour ne parler que de ceux-là. Mais elle n'existe plus, cette opinion publique ; elle est morte depuis l'avénement des « pouvoirs forts. » Les gouverneurs, ces fonctionnaires plus puissants que tous les ministres réunis, ces « vice-rois, presque rois » (Rambaud) ces divinités qui disposent de la foudre et de la pluie… de Danaé, ont mis un terme aux agitations de la vie publique.

La presse, presque tout entière, est aux genoux du Maître, quel qu'il soit, l'encensant même lorsqu'il prend le contrepied de son prédécesseur qu'elle adulait la veille, et garde ses critiques pour morigéner, au nom de l'opinion publique, ceux qui partagent l'avis du Rapporteur de 1893 sur l'absence de cette opinion en Agérie.

Notre représentation au Parlement reste muette ou à peu près, quand viennent à la tribune les grands débats sur l'Algérie. Elle s'efface devant le grand Chef et borne son action à applaudir l'orateur officiel.

Quant aux assemblées électives, leur grande préoccupation est de ne pas laisser échapper une occasion, au besoin d'en faire naître, pour voter des félicitations à tous les gouverneurs qui se succèdent.

Les conseils généraux, autrefois si susceptibles, si intransigeants quand leur dignité était en jeu, restent insensibles et inertes, lorsque des assemblées d'origine censitaire osent mettre en discussion la suppression de la représentation départementale.

Les fils des fiers proscrits de l'Empire ont fait aux « pouvoirs forts » le meilleur accueil et estiment que l'idéal d'un régime démocratique est représenté par des assemblées de contrôle présidées par le contrôlé et entièrement composées à la guise de ce dernier, grâce aux moyens dont il dispose. Leur énergie s'épuise dans une béate contemplation des hôtes des palais de la place Malakof et de Mustapha ; ils n'ont d'yeux et d'oreilles que pour celui « qui incarne l'unité vivante de l'Algérie » (Legrand) et les heureux sont ceux qui, à défaut de faveurs, obtiennent un regard de la moderne Incarnation.

Lorsqu'en 1884, le plus haut représentant du gouvernement français, le gouverneur Tirman, proclama d'un cœur léger la faillite de la France dans son œuvre de colonisation [1] et fit appel à l'Etranger, le peuple et ses élus sont restés calmes et impassibles, tels les fidèles de l'Islam : c'était écrit !

Le mot d'ordre est : Pas d'affaires, mais faisons des affaires. Et quand il y a quelque agitation chez nos dirigeants, c'est que la couverture a été trop violemment tirée du côté de l'est ou de l'ouest, les « colons et les non-colons » du centre se contentant généralement de tirer les marrons du feu.

---

[1] « Puisque nous n'avons plus l'espérance d'augmenter la population française au moyen de la colonisation officielle, il faut chercher le remède dans la naturalisation des étrangers. » Discours au conseil supérieur, 20 novembre 1884.

Un jour cependant ces derniers résolurent de « résister à l'oppression. » Un gouverneur leur ayant été enlevé prématurément, un vaste complot s'organisa, auquel prit part tout ce qu'il y avait de plus distingué dans la société. Comme le président de la République devait venir à Alger, il fut décidé qu'on attendrait son arrivée dans la Capitale, pour manifester le plus virilement possible le mécontentement du « peuple opprimé. » Mais, réflexions faites, ils décidèrent de conserver intacte toute leur énergie pour mieux acclamer et pendant plus longtemps le successeur du gouverneur bien aimé, mais déchu. Ils se contentèrent d'adresser des remontrances au chef de l'Etat, remontrances qu'un membre du gouvernement eut le mauvais goût de trouver inconvenantes.

C'est qu'à la cour des deys d'Alger, les louanges, d'où qu'elles viennent, sont toujours fort goûtées. Le silence est bien vu, à condition toutefois que les abstentionnistes ne soient pas des personnalités en vue ; dans le cas contraire, il devient offensant. Quant à la critique, elle est le fait de mécontents de parti pris ; sont suspects ceux qui se réunissent à quelques-uns pour rechercher si réellement tout est pour le mieux dans la meilleure des Algérie et se refusent à acclamer le gouverneur qui, dans le décret de création des Délégations financières, saluait « l'aurore du self-gouvernement. »

Bref, depuis l'avénement des « pouvoirs forts », la situation morale de ce pays peut se résumer en ces quelques mots, que nous empruntons au même rapporteur du budget de 1893 : « Les hommes de loisir y sont rares, ainsi que les hommes qui n'ont rien à craindre ni à espérer du pouvoir. » Commentant la pensée de ce député, nous dirons que ceux qui occupent leurs loisirs à exalter le pouvoir sont des esprits d'élite, auxquels on doit savoir gré d'aussi bien employer leur temps, tandis que ceux que la grâce n'a pas touchés sont des pauvres d'esprit, qui feraient bien mieux de se consacrer uniquement à leurs professions ou à leurs fonctions.

En dehors de ces « hommes de loisir », qui sont d'ailleurs très rares, les autres ont tout à craindre ou tout à espérer du pouvoir. Ce que nous traduisons ainsi : les républicains français de l'Algérie n'ont plus rien à envier aux monarchistes espagnols ou italiens. C'est le milieu « spécial » dans lequel ils vivent qui les a ainsi transformés.

Indifférence de la Métropole vis-à-vis de l'Algérie. — Ce qui aggrave singulièrement la situation morale actuelle, c'est l'attitude de la France à notre égard. Pour des raisons dont nous ne voulons pas rechercher ici les auteurs responsables, les Français d'Algérie ont une telle réputation qu'on les a littéralement pris en grippe de l'autre côté de la Méditerranée. Aussi est-ce avec le plus grand empressement que le Parlement a accueilli le budget spécial. Il a suffi qu'on lui assurât que, grâce à cette institution, il n'entendrait jamais plus parler de « ces pelés, de ces tondus, de ces galeux » et de ces perpétuels mécontents, pour qu'il l'ait votée par acclamation.

C'est cette touchante unanimité des parlementaires à nous doter d'une mesure qui les débarrassait des Algériens, que l'on a prise ici pour un acquiescement enthousiaste aux idées représentées par le régime actuel. Il eût été pourtant bien facile de tirer un enseignement de l'attitude nouvelle du Sénat, qui quelques années auparavant avait presque opposé la question préalable à la proposition de budget spécial faite par M. Tirman. Le sénateur Boulanger qui, aux applaudissements de tous ses collègues, avait mis en miettes la proposition, est lui-même resté muet cette fois. Ce trait pourtant très significatif eût dû dessiller les yeux des plus farouches autonomistes.

On a préféré voir dans l'unanime accord des Chambres la volonté d'émanciper l'Algérie, de lui donner les moyens, une fois abandonnée à elle-même, de compléter son outillage et de prospérer. Est-ce que les départements de la Métropole ou les départements liés par des intérêts communs, ne méritent pas, eux aussi, qu'on les émancipe ? Est-ce qu'il y aurait du danger à accorder l'autonomie financière à ces départements, dont la foi est autrement française que celle des départements de l'Algérie ? Pourquoi cette faveur exceptionnelle pour l'Algérie, où l'unité française est encore à créer ? La vérité est qu'aux fanatiques du self gouvernement, à ceux qui, à l'exemple des Italiens, ont poussé la jactance jusqu'à entonner l'*Algeria fara da se*, les Français de France ont répondu en nous rejetant sans phrases hors de la grande famille. On nous a abandonnés à un Maître, à qui l'on s'en rapporte entièrement, tout ce qu'il liera sur la terre africaine devant être lié à Paris, et tout ce qu'il déliera devant être également délié là-bas. La seule mission qu'on lui ait donnée a été d'importuner le moins possible des affaires de l'Algérie le gouvernement central.

Quelques liens nous rattachent encore au giron national. Mais ils sont de pure forme, et d'ailleurs si fragiles qu'il semble que ce soit à dessein qu'on les ait voulus ainsi.

Cette indifférence de la Mère-patrie pour nous est-elle exagérée ? Existe-t-elle même ? Nous voudrions pouvoir douter ; mais quand on voit que M. Le Myre de Villers a pu prêcher la résignation au sujet de la transformation des Français en Algériens, sans soulever la moindre émotion chez nos concitoyens ; quand on constate que dans le Parlement il n'y a pas eu l'ombre d'une inquiétude, lorsque MM. Berthet et Pourquery de Boisserin sont venus affirmer qu'un grave péril existait, on est bien obligé hélas ! de dire que si ce n'est pas encore du dédain que l'on professe pour nous, dans le monde politique de France, c'est tout au moins une profonde indifférence. De ce côté-ci de la mer, c'est l'esprit particulariste qui domine et laisse déjà entrevoir un sombre avenir ; de l'autre côté, c'est de l'indifférence, pour ne pas dire de l'antipathie. Que peut-il résulter de bien d'une pareille situation ? A vrai dire, on voudrait, de propos délibéré, préparer un désastre, qu'il serait impossible de s'y prendre mieux.

À propos de cette indifférence de la Mère-patrie, nous demandons à placer les réflexions qu'elle nous inspire.

Que, dans les milieux politiques dirigeants, il y ait des hommes d'Etat qui nous dédaignent au point d'être tout prêts à répéter les paroles de Vergennes, lors de la perte du Canada, et à rire du bon tour qu'ils auront joué à la puissance qui aura mis la main sur l'Algérie. Soit ! Mais n'y a-t-il pas aussi d'autres hommes d'Etat qui s'occupent de fonder un vaste empire colonial en Afrique ? Comment s'expliquer alors que ces hommes fassent si peu de cas du pays qui sera la clef de cet empire ? Ne tombe-t-il pas sous le sens que le vrai moyen d'assurer la conservation de nos possessions africaines, d'y amener la prospérité, de leur donner la prééminence sur leurs voisines et sur leurs rivales, c'est de faire de l'Algérie le centre de rayonnement de l'influence française ? Il va de soi, dès lors, que ce foyer d'émanations civilisatrices, ce centre des affaires quand le transsaharien sera créé, ne doit pas échapper à la France. Il faut que ce grand marché du continent noir soit à l'abri d'un coup de force de la part d'une nation européenne quelconque ou qu'il ne soit pas amené à se séparer de la France. Or, est-ce en faisant de l'Algérie et des pays qui lui seront tôt ou tard annexés, le rendez-vous de toutes les nations du monde, que l'on obtiendra un tel résultat ? Est-ce avec une population composée d'éléments hétérogènes et à intérêts divergents, que l'on constituera la force morale et matérielle nécessaire pour lutter contre l'envahisseur ou pour s'opposer à la séparation ?

Nous avons déjà indiqué dans quelles conditions pourrait se produire la scission : par la guerre civile ou par l'appel d'une puissance étrangère. Or, il importe que l'on sache qu'il y a au moins une de ces puissances qui sera toute prête à répondre à cet appel ; et, si les circonstances font que son intervention ne soit pas sollicitée, elle saura attendre ou faire naître l'occasion.

Toutes les belles protestations d'amitié dont on se montre si prodigue à l'égard de la France depuis quelque temps, devraient nous rendre très circonspects. Il ne faut pas perdre de vue, en effet, que l'Algérie, qui n'est séparée du continent européen que par un bras de mer, est convoitée depuis longtemps. Au moment de la signature du traité de Francfort, il a déjà été question de sa cession à l'Allemagne. Mais il ne s'agissait, en réalité, que de poser des jalons pour l'avenir. La poire n'était pas encore suffisamment mûre ; il fallait lui donner le temps d'arriver à complète maturité. Quand la France aura encore dépensé dans sa colonie quelques milliards, on verra à s'arranger, lorsque l'autre moment psychologique viendra. Il y a des milliers d'allemands qui s'expatrient tous les ans et qui, une fois en Amérique, sont à peu près perdus pour le Vaterland. Ils seraient si bien en Algérie, à quelques heures du port de Gênes, que les fidèles alliés de l'Allemagne lui céderont de gré ou de force. Il ne faut pas rire de cette éventualité. Ce n'est pas par amour de la science que l'Allemagne a entretenu pendant dix ans, avant 1870, une commission de recherches, qui a parcouru l'Algérie tout entière. Quand on veut avoir des renseignements précis sur les routes, les ports, les chemins de fer, les mines, les sources thermo-minérales, les forêts et toutes les productions de la terre, c'est à Berlin qu'il faut aller les chercher.

Nous ajoutons que si Bismark a permis aux Français de mettre la main sur la Tunisie et que si l'Angleterre les a autorisés à en faire autant du côté du Maroc, c'est pour que ces deux contrées soient mises aussi dans un état présentable et acceptable ; actuellement, il y faudrait dépenser trop d'argent et peut-être y sacrifier trop d'hommes. Ce n'est évidemment pas dans le but de fournir à la France les moyens de réaliser le rêve de Prévost-Paradol, que l'on fait assaut d'amabilités et de gentillesses envers elle depuis quelque temps. Nos ennemis ne se soucient nullement de voir « quatre-vingt à cent millions de Français fortement établis sur les deux rives de la Méditerranée, au cœur de l'ancien continent, et maintenant à travers les temps, le nom, la langue et la légitime considération de la France. » Il n'est pas besoin d'être docteur ès-diplomatie pour comprendre que nos adversaires, qui ne désarmeront que lorsque leur programme de l'avenir sera complètement achevé, ne sont pas naïfs au point de nous procurer complaisamment les moyens de reprendre notre prééminence en Europe.

Evidemment toutes ces combinaisons peuvent fort bien ne pas réussir ; la guerre n'est pas un jeu que l'on joue à coups certains. Mais on ne saurait trop penser aux ambitions de nos ennemis ; tous leurs sourires et leurs dons gracieux doivent plus que jamais éveiller la vigilance de nos consuls.

Ceci n'est point une digression inutile, car en faisant une incursion dans le domaine de la politique extérieure, nous avons voulu montrer que si le petit noyau de Français établis en Algérie ne mérite pas l'attention de nos hommes d'Etat, que si l'on s'obstine à ne pas nous entendre quand par pitié nous demandons que l'on nous traite en citoyens de la grande patrie, il serait gravement imprudent de ne pas se préoccuper de la conservation de l'empire colonial que l'on est en train de fonder. Or, pour le conserver, il n'y a pas plusieurs moyens ; il n'y a en a qu'un : faire de tout le pays compris entre le détroit de Gibraltar et la Tripolitaine un pays français, foncièrement français ; et pour résoudre le problème, il faut commencer par franciser l'Algérie, en attendant qu'on tente tout, même l'impossible, pour jeter sur cette terre des millions et des millions de nos concitoyens.

Nous avons dit tout à l'heure qu'étant donnée, d'une part, la mentalité algérienne et, d'une autre part, l'indifférence de la France pour nous, on ne pouvait qu'envisager l'avenir avec anxiété. Si, à la situation qui résulte d'un tel état des esprits, on ajoute la certitude que l'Algérie est guettée par au moins une puissance européenne, on verra que les alarmes de quelques-uns ne sont hélas ! que trop justifiées.

En résumé, nous croyons l'avoir démontré, le péril n'est malheureusement pas imaginaire. « Le danger est né ; il existe, » pour employer les termes mêmes de M. Berthet. Il nous reste à examiner les moyens propres à le conjurer.

Des moyens proposés pour conjurer le danger.

Quels sont ces moyens ?

M. de Solliers place tout son espoir dans la francisation des Etrangers par le mélange des sangs. Comme le danger, dit-il, résulte de ce que les peuples en présence dans ce pays, sont séparés par leur nationalité, leurs mœurs et leurs intérêts, il n'y a, pour les rapprocher, qu'à fusionner ces peuples en un seul, à l'aide de la naturalisation d'office et des mariages mixtes qui, eux, ne seront pas imposés d'office, mais seront très recommandés et peut être primés dans les concours agricoles. De cette façon très simple, le problème sera résolu ; il ne restera plus qu'à savoir au juste le nom que l'on donnera au peuple ainsi unifié.

Mais ce que l'on sait déjà, c'est qu'il sera « l'héritier des traditions de Rome en Afrique. » L'ambition du père de l'empire « néolatin » ne porte pas bien loin ; ce n'est vraiment pas la peine de se donner tant de mal pour créer un empire, s'il ne doit durer que ce qu'a duré la domination romaine, qui était toute de façade et s'est effondrée dès qu'elle n'a plus été entretenue par la Métropole. La France, absolue maîtresse des destinées de l'Algérie, saura lui donner une autre solidité.

Au sujet des mariages mixtes, nous sommes, pour notre compte personnel, loin, bien loin de les réprouver. Nous croyons, avec le délégué financier, que notre race ne peut que gagner à des croisements avec d'autres races ; mais qu'est-il besoin pour cela de naturaliser automatiquement les Etrangers ? Avant la loi de 1889, les croisements par les mariages étaient nombreux, et s'ils ont augmenté de nombre depuis cette époque, il ne faut pas y voir une conséquence de cette loi ; c'est tout simplement, parce que la population européenne a continué à suivre sa marche ascendante. Il faudra donc autre chose que des chiffres de statistique pour démontrer « les bienfaisants effets » de la loi en question. Celle-ci serait suspendue, — M. de Solliers peut entièrement être rassuré à cet égard — que les croisements ne faibliront pas ; et, si par suite de leurs mariages avec des Françaises, les Etrangers acquièrent l'esprit français, rien ne leur sera plus facile que d'entrer dans notre famille ; ils n'auront qu'à se faire naturaliser par les voies ordinaires.

M. Le Myre de Villers estime, lui aussi, que la solution du problème ne présente aucune difficulté. « La chose est facile, dit-il, puisque nous avons dans les mains l'administration, l'instruction, les cultes, l'armée, qui conduisent rapidement à la communauté d'idées. » Nous avons, plus haut, répondu à cette utopie et M. Paoli nous avait déjà dit ce qu'il en pensait : « La mentalité ne se décrète pas. La caractéristique d'une nation est l'œuvre de plusieurs siècles, pendant lesquels l'influence du milieu et de l'éducation s'est fait sentir puissamment. Il serait ridicule d'admettre qu'un simple acte administratif puisse façonner le cerveau de celui qui bénéficie de cet acte. »

MM. Berthet et Pourquery de Boisserin n'ont pas cru devoir rester dans la formule un peu trop vague de l'ancien secrétaire général du gouvernement de l'Algérie. Voici les moyens qu'avec d'autres hommes politiques, ils préconisent pour enrayer le mal :

1° Envoyer les jeunes Algériens faire leur service militaire en France.

Pour notre part, nous n'y voyons aucun inconvénient. Mais nous nous demandons si l'on ne s'illusionne pas sur les résultats que l'on retirera de cette mesure. Nous n'entrevoyons pas, en effet, comment l'Algérien perdra sa mentalité particulière, parce qu'à la caserne il sera plus ou moins en contact avec le contingent métropolitain. Est-ce qu'ici les régiments ne sont composés que de recrues du pays ? Le contingent métropolitain n'est-il pas réprésenté largement dans les corps de troupes ? Le contact avec les Français de France ne sera donc pas plus intime et plus fructueux, parce qu'il se produira dans la Métropole, au lieu de se produire ici. En dehors de la vie de caserne, c'est-à-dire dans les cafés et autres établissements où l'on s'amuse, on ne distingue pas bien non plus les effets de l'assimilation. Les Algériens, que l'on enverra par groupes dans une même garnison, se réuniront entre eux les jours où ils seront libres, comme le font les Champenois, les Bretons, les Provençaux ; et il y a gros à parier qu'ils occuperont leurs moments de liberté à d'autres choses que « l'étude, les mœurs françaises et le spectacle du jeu des institutions. » Nous ne croyons même pas que « la communauté des petits tracas de la vie militaire » sur laquelle M. Legrand fonde de grandes espérances, incitera nos jeunes gens « à voir les beautés de la Métropole et à apprendre à l'aimer. » La vie de garnison, surtout dans les petites villes, n'aura donc pas, nous le croyons du moins, une bien grande influence sur leur état mental.

Encore une fois, nous ne nous opposons pas, pour notre part, à la transplantation de nos jeunes gens ; nous voulons simplement mettre en garde contre leurs rêves les auteurs du projet en question et leur dire qu'il ne s'agit là que d'un palliatif. L'idée aurait toutefois un certain avantage ; les contingents métropolitains devant être plus nombreux, puisqu'ils auraient à combler les vides laissés par les algériens, les chances de recruter des colons parmi les premiers augmenteraient. On pourrait même décider que tout libéré quittant l'armée avec le grade de sous-officier et après un certain nombre d'années de services, aurait droit à une concession et à ce que nous appellerons tout à l'heure une bourse de colonisation [1]. Ce serait donc plutôt en vue de gagner des colons

---

[1] Variante d'une mesure déjà existante.

à l'Algérie qu'il n'y aurait pas lieu de combattre la proposition de MM. Berthet et Pourquery de Boisserin.

Si au point de vue de l'objectif que nous poursuivons, c'est-à-dire au point de vue de la transformation de la mentalité algérienne, il nous est indifférent que les Algériens accomplissent leur service militaire dans la Métropole ou en Algérie, si nous estimons qu'il y a mieux à faire que d'employer des palliatifs du genre de celui qui consisterait à transplanter en France le contingent local, nous devons exprimer notre opinion à propos des funestes effets qu'aurait pour la colonisation la loi militaire en préparation. Cet autre point de vue ne rentre pas, il est vrai, dans notre sujet ; mais il ne peut nous être défendu de l'envisager, en passant, puisqu'il menace de porter une profonde atteinte aux forces vives de notre pays.

Nous serions d'avis, pour notre part, de demander que la durée du service militaire pour les *colons* et pour les *ouvriers agricoles* fût maintenue à une année.

Pour répondre de suite à une objection préalable que nous prévoyons, nous dirons que cette proposition d'un amendement à la loi générale en faveur d'une catégorie d'algériens n'est nullement en contradiction avec notre programme. Nous voulons l'assimilation complète de l'Algérie à la France ; mais nous avons bien pris soin toutefois de spécifier que nous ne la demanderions pas d'emblée.

Si tous nos efforts doivent tendre à la suppression des lois et des institutions qui sont de nature à empêcher l'avènement du droit commun ou à simplement le retarder, nous estimons, avec Warnier, que ce n'est pas nous déjuger que de demander, pour l'application momentanée de certaines lois, les tempéraments qui sont indispensables à un pays neuf et en voie de développement.

Au surplus, une loi spéciale à l'Algérie ne serait pas nécessaire pour nous donner satisfaction ; nous voudrions seulement voir adopter un amendement à la loi générale commune et qui, par analogie avec ceux qui concernent les soutiens de famille, serait conçu dans ce sens : « Au bout d'une année de service, les fils de colons et d'ouvriers agricoles qui auront satisfait à certaines épreuves portant sur leur instruction militaire et sur leur endurance, et dont la conduite aura été irréprochable, pourront être renvoyés dans leurs foyers. »

Il va de soi que toutes précautions seraient prises pour empêcher la fraude. La meilleure et la plus simple, suivant nous, consisterait à désigner, devant le conseil de révision même, les conscrits susceptibles de bénéficier de l'amendement et qui devront compter au moins cinq années de résidence dûment constatée en Algérie. Dans les circonscriptions rurales, où tout le monde se connaît et où les agents directs de l'administration peuvent très facilement être exactement renseignés, les abus seront impossibles.

Ceci dit, voyons les arguments que l'on peut présenter à l'appui de notre proposition :

La loi en préparation augmentera l'effectif de l'armée ; cela n'est pas douteux. Mais l'apport des quelques unités provenant des territoire de colonisation — leur nombre n'atteint pas 1000 — pèsera d'un bien faible poids dans la force numérique de l'armée. D'une autre part, si la défense nationale ne doit pas trouver un appoint appréciable dans l'adjonction du contingent algérien, en revanche, la loi ne sera pas sans porter une grande perturbation à la colonisation.

On compare le monde des campagnes de l'Algérie à celui de la Mère-Patrie et, de la situation semblable des deux milieux, on conclut à l'égalité des charges. Il suffit pourtant d'avoir passé quelques jours en pays de colonisation, pour être convaincu que l'analogie des deux situations ne peut se soutenir un seul instant. Le paysan de la Métropole a, au moins, le droit au sommeil ; dans de trop nombreuses régions de l'Algérie, le colon ne l'a pas, ce droit, car dans l'espace d'une nuit, il peut être ruiné par une razzia, qui lui enlève récolte et bétail.

En outre, l'emploi presque exclusif de la main-d'œuvre indigène exige une surveillance énergique et de tous les instants, sous peine de gaspillage de temps et d'argent. Or, c'est précisément aux jeunes qu'incombe la tâche de la surveillance pendant le jour et de la garde pendant la nuit. S'ils sont plusieurs dans la ferme, c'est une bien dure besogne pour ceux qui restent et qui ont à veiller plus souvent, puisqu'il faut remplacer l'absent. Bien plus grave encore devient la situation du chef de famille qui n'a qu'un garçon. Que, pendant un an, on impose aux uns et aux autres un tel sacrifice, ils l'accepteront de grand cœur, comme ils l'ont accepté jusqu'à présent ; mais le prolonger d'un an de plus nous paraîtrait excessif ; on ne peut demander aux hommes plus qu'ils ne peuvent donner. Les impôts ne sont légitimes qu'autant qu'ils sont proportionnels aux capacités de ceux qui les paient. Si, dans certains cas, on est dans la nécessité absolue de faire fléchir un principe aussi équitable. on doit s'efforcer, dans les autres, de l'appliquer. Or, tel serait le cas, car encore une fois, il n'y a aucune analogie à établir entre le paysan de la Métropole et celui de l'Algérie.

Et l'impôt que ce dernier est tenu de payer à la malaria, ne doit-il compter pour rien dans la balance ? Dans la Métropole, cette maladie exerce ses ravages, sans doute, mais dans des régions très limitées. Ici, son domaine s'étend à peu près partout où l'on remue de la terre et surtout là où l'homme porte la vie dans des terrains incultes. Ses atteintes sont cruelles, sous ce climat ; en quelques heures, elle vient à bout des énergies les mieux trempées, terrasse les constitutions les plus robustes. Est-ce que les hommes qui gagnent leur vie dans de telles conditions et contribuent si largement à la richesse d'un pays, doivent être mis sur le même pied que ceux qui habitent la campagne chantée par les poètes ?

Le principe de l'égalité de tous les citoyens dans les charges publiques est fort beau assurément, mais encore faut-il que son application soit équitable. L'on n'a pas appliqué à l'Algérie la plupart des autres impôts avec la même rigueur que dans la Métropole. Et l'on a bien fait, car il est certain que, sans cette modération, la colonisation n'aurait pas dépassé les environs de quelques centres plus ou moins populeux.

Etant donné qu'en Algérie la population française est sensiblement plus prolifique que dans la Métropole, il n'est pas indifférent d'ajouter qu'il faut compter, pour l'avenir, sur une élévation sans cesse croissante du contingent militaire annuel. Si l'on supprime la clause qui a incité nos concitoyens à traverser la mer pour venir planter ici leur tente et qui les retient dans le pays, n'est-il pas à craindre que l'on va, du même coup, arrêter le taux de ce contingent ? Il nous paraît imprudent de n'envisager que le présent ; au lieu de rechercher une augmentation momentanée des recrues, il nous semble plus sage de maintenir une législation grâce à laquelle, dans quelques années, le nombre des conscrits d'un an sera beaucoup plus élevé que celui des conscrits astreints à deux années de services. C'est, en somme, un faux calcul que celui qui consiste à ne voir qu'un résultat immédiat.

Il ne faut pas perdre de vue non plus que, si l'on veut jeter en Algérie un nombre de français capable de contrebalancer la prépondérance de l'élément étranger — prépondérance que personne ne peut plus nier, puisque les chiffres, hélas ! trop éloquents prouvent que cet élément dépasse, en réalité, l'élément français d'origine — on ne saurait négliger aucune des mesures propres à attirer ici les paysans de la Métropole. Or, jusqu'à présent l'allègement apporté à l'impôt du sang en faveur des algériens a été la seule mesure d'ordre légal qui ait été prise dans ce but ; et il est certain que les bénéfices de la loi actuelle ont déterminé nombre de nos concitoyens de la Métropole à répondre aux appels qui leur ont été adressés et dans lesquels on a fait valoir à leurs yeux l'atténuation des charges de la loi militaire. C'est donc, après avoir constaté les heureux effets de la *seule* loi qui existe pour favoriser la colonisation, qu'on en proposerait l'abrogation ! Nous ne pouvons croire que les Pouvoirs publics se décident à voter l'arrêt de la conquête du sol par le colon !

Au surplus, si l'on veut se placer exclusivement au seul point de vue de la défense, ne tombe-t-il pas sous le sens que peupler l'Algérie de français, c'est concourir à la défense du territoire national, puisque l'on aura moins d'efforts à dépenser de ce côté-ci de la Méditerranée, aux jours de danger ?

Enfin, il n'est pas superflu de faire ressortir ce qu'aurait d'illogique la conduite des Pouvoirs publics, s'ils venaient à repousser notre proposition. En effet, ils continueraient à consacrer au développement de la colonisation des crédits élevés d'une part, et d'une autre part, en frappant les colons d'une trop lourde charge, ils détruiraient les effets de ces grands sacrifices d'argent.

En définitive, tant au point de vue de la défense nationale qu'à ceux du développement de la colonisation et de la nécessité d'établir la prédominance de l'élément français en Algérie, il nous paraît de toute nécessité que les fils de colons et d'ouvriers agricoles ne passent qu'une année sous les drapeaux.

C'est au nom du principe d'égalité que l'on combattra peut-être notre proposition. Nous voulons bien admettre la possibilité de faire régner l'égalité absolue chez les hommes, bien qu'il n'y ait aucune illusion à conserver à ce sujet. Mais encore faut-il que l'un des autres termes de la devise républicaine ne devienne pas sans application, par suite de l'abus de l'égalité. N'est-ce pas ce qui adviendra de la « fraternité », parce que l'on voudra réaliser un progrès aux dépens de « frères » si dignes d'intérêt et si utiles à la Patrie. Les principes sur lesquels s'appuie une Société doivent assurément être sauvegardés, autant que la chose est possible ; mais dans notre humanité, il n'y a rien d'immuable, rien d'intangible, et les Eglises seules ont chacune le monopole de la vérité immuable. Avant donc que de laisser périr une colonie plutôt qu'un principe, il n'est que sage de mûrement réfléchir.

Nous n'avons plus qu'un seul argument à ajouter à ceux que nous avons tenté de faire valoir. Dans le cas où l'on invoquerait l'insuffisance d'une année de service, pour obtenir des jeunes soldats l'instruction et l'endurance nécessaires, nous répondrons qu'au point de vue de l'instruction, une expérience déjà longue a démontré que cet espace de temps avait jusqu'à ce jour suffi largement. Il serait facile d'être renseigné à cet égard, en consultant le Commandant du XIXe corps.

Quant à l'endurance des soldats d'un an, la campagne si pénible du Sud Oranais a fourni une preuve éclatante de ce que l'on peut attendre des fils de colons. L'ordre du jour qui a clôturé la campagne et dans lequel le chef de la colonne expéditionnaire a rendu hommage à l'admirable entraînement des troupes placées sous ses ordres, est un document de haute valeur. Nous regrettons de n'avoir pu le retrouver, car il eût certainement produit une impression profonde sur le Parlement.

En somme, nous ne venons pas solliciter un privilège. En demandant pour les fils de colons et d'ouvriers agricoles une réduction de la durée de leur service militaire, nous demandons seulement qu'on leur permette d'aller rejoindre plus tôt cette autre armée qu'est l'armée de la colonisation, et où le service est autrement dur que dans les garnisons, car elle a à lutter constamment contre le climat, contre la malaria et contre la piraterie agricole.

Il n'y a pas si longtemps que, pour les militaires, les années de séjour en Algérie étaient comptées comme campagnes de guerre, et que, pour les fonctionnaires civils, chaque année de service en représentait deux. On a, avec raison, supprimé ces avantages, puisque les uns et les autres résident dans les villes. Mais qui donc pourrait ne pas trouver équitable que l'on considère les pacifiques conquérants du sol comme de véritables belligérants et qu'en raison des grands services qu'ils rendent à la France, dont ils augmentent chaque jour le territoire, ils soient admis à une atténuation de l'impôt militaire. Il n'y aura pas, nous en sommes convaincus, une seule voix dans les Chambres pour s'élever contre les légitimes revendications que nous formulons au nom de ceux dont l'indomptable énergie a soulevé l'admiration de Paul Bert. Que les membres du Parlement se reportent aux pages que le grand patriote a consacrées aux colons et ils se feront un devoir de défendre énergiquement ces obscurs héros de la colonisation.

2° « Faire débuter dans des emplois de la Métropole le plus grand nombre possible, sinon la totalité, des jeunes algériens se destinant aux emplois publics et les ramener en Algérie, après un certain nombre d'années de séjour dans la Métropole. » Nous nous rallions très volontiers à cette proposition, sous la réserve que nous la placerons au second plan. Nous demandons donc que, non pas la majorité, car cela ouvrirait la porte à de trop nombreuses exceptions, mais la totalité des employés nouvellement promus aillent débuter dans la Métropole. Ces jeunes gens, pour connaitre et aimer la France, seront évidemment dans de meilleures conditions que ceux qui y feront leur service militaire. Non seulement ils devront se mêler à leurs collègues, mais aussi à la société des villes où ils iront faire leurs débuts dans l'Administration.

Si cette proposition est admise, une mesure réciproque s'impose: c'est l'envoi de France en Algérie d'un certain nombre de fonctionnaires nouveau-promus, pour remplir les emplois de début, puisque tous les employés algériens iront faire leurs premières armes dans la Métropole. Ces recrues françaises, au point de vue qui nous occupe, c'est-à-dire au point de vue de la transformation de la mentalité algérienne, seront d'un puissant concours, sans compter que, rentrés chez eux, ces fonctionnaires gagneront à l'Algérie de nombreux adeptes et nous enverront des paysans.

Il va de soi que nous n'entondons pas limiter aux seuls débutants l'envoi en Algérie des fonctionnaires de la Métropole ; tous ceux que l'on enverra ici seront toujours les bienvenus, à une condition toutefois, c'est que l'on s'abstiendra de nous expédier les épaves de l'Administration métropolitaine, les fonctionnaires encombrants, ainsi que les nullités que les politiciens n'arrivent pas à caser chez eux. Avec M. Flandin, ancien procureur général d'Alger et actuellement député, nous dénonçons, en passant, ces regrettables agissements qui, entre autres conséquences, ont celles de fournir à nos détracteurs des prétextes pour dénoncer les « tares » de l'Administration algérienne.

3° « Développer l'enseignement primaire et le rendre effectif pour tous les étrangers et tous les indigènes. » Nous ne pouvons mieux faire, pour défendre cette proposition, que de donner la parole à M. Berthet lui-même :

« L'école est encore le plus puissant moyen d'assimilation que nous possédions, parce qu'il agit sur de jeunes cerveaux plus malléables et plus dociles que ceux des adultes.

« Il ne semble pas malheureusement que l'on soit disposé à faire les sacrifices nécessaires pour l'enseignement élémentaire.

« Les écoles normales d'instituteurs d'Alger et de Constantine ne peuvent recruter sur place leur personnel d'élèves et il a toujours fallu recourir aux instituteurs de la métropole.

« Mais évidemment on n'attirera et surtout on ne retiendra ces maîtres qu'à la condition de leur assurer quelques modestes avantages et il semble, au contraire, qu'on prenne à tâche de les décourager.

« Ces avantages ont jusqu'à présent consisté en deux choses :

« 1° Une légère augmentation sur le traitement métropolitain ;

« 2° Le passage gratuit tous les deux ans pour eux et leur famille, afin de leur permettre de passer les vacances en France.

« Ce dernier avantage, rigoureusement maintenu depuis de longues années, a commencé à s'amoindrir en 1900. Cette année-là, faute de crédits, 428 fonctionnaires de l'enseignement primaire seulement, sur 692 qui remplissaient les conditions réglementaires *(Bulletin de l'Instruction publique d'Oran*, juillet 1900), purent obtenir le passage gratuit. En 1901, le crédit afférent à ses passages fut diminué encore de 15.000 francs, malgré l'insuffisance constatée en 1900.

« En 1902, le recteur d'Alger prévint les intéressés que faute d'un crédit suffisant (il manquait 28.000 francs pour les trois ordres d'enseignement) « il ne pourrait même pas accueillir les demandes de tous les fonctionnaires, dont la dernière traversée gratuite remontait à *trois* ans au moins. »

« Le résultat de ces marchandages est que le découragement s'est emparé du personnel enseignant, et le nombre de ses membres qui quittent l'Algérie, soit pour rentrer en France, soit pour exercer une autre profession, va croissant chaque année, suivant une progression arithmétique régulière.

« Il y a là une situation alarmante à laquelle il faut remédier. Bien loin de diminuer les crédits de l'enseignement, il faut envisager leur relèvement progressif, indispensable au maintien de l'union morale entre l'Algérie et la Métropole.

« C'est là qu'apparaît un défaut, le plus grave à notre avis, de la loi qui a créé le budget spécial. Ce défaut, c'est de n'avoir rendu obligatoires que jusqu'à un certain chiffre les dépenses d'intérêt général, au lieu de les rendre obligatoires par catégories, sans limitation.

« Il est impossible, dans la Métropole, dont l'organisation est achevée depuis des années, de prévoir, ne fût-ce que quelques années d'avance, les augmentations de dépenses que nécessiteront la marche et le développement normaux des services publics ; chaque année, la discussion du budget nous apporte des surprises à cet égard. Comment a-t-on pu supposer un seul instant que dans un pays neuf comme l'Algérie, dont l'organisation est loin d'être achevée, il était possible de prévoir exactement le chiffre de crédits qui suffira à assurer tel ou tel service dans dix, vingt ou trente ans ? »

Nous devons nous associer sans réserve à la proposition de M. Berthet et aux arguments qu'il fait valoir en faveur de cette proposition, en demandant qu'elle reçoive le plus rapidement possible son exécution, c'est-à-dire avant que la bourse commune ne soit entre les mains des naturalisés, car il est à craindre que ces derniers n'apprécient pas comme nous la nécessité de l'instruction.

La proposition de M. Berthet comprend les Etrangers et les Indigènes. Nous la limiterons aux premiers seulement, puisque c'est d'eux que nous nous occupons en ce moment. Nous la reprendrons, quand nous examinerons la question indigène.

Enfin, pour sauver la situation, M. Pourquery de Boisserin demande la suppression des Délégations financières et leur remplacement par un Conseil supérieur, qui tout entier serait élu par le suffrage universel, c'est-à-dire par tous les électeurs, sans distinction d'origine.

Si l'on n'entrevoit pas bien ce que l'on gagnerait au change, en revanche il est très facile de voir ce que pèsera la minorité française, quand sa destinée déprendra d'une assemblée entièrement composée de naturalisés, ce qui est fatal.

Il est une autre mesure qui, après avoir été mise sur le tapis, lors des débuts des Délégations financières, est revenue à l'ordre du jour depuis quelque temps. Il s'agit de la suppression des Ecoles supérieures, contre lesquelles on annonce qu'une nouvelle campagne va s'ouvrir. Cette fois, ce n'est plus au nom des économies à réaliser, qu'on va les saper ; c'est au nom de leur action fâcheuse sur l'état d'esprit des étudiants, action indirecte, il est vrai, mais qui n'en est pas moins réelle. En effet, s'il n'y avait pas d'Ecoles supérieures à Alger, les étudiants iraient faire leurs études et prendre leurs grades dans la Métropole. Pendant leur séjour, qui se prolongerait plusieurs années, ils acquerraient forcément l'esprit français. Il y a donc lieu d'immoler ces écoles, dans l'intérêt supérieur de la Patrie. On doit d'autant moins hésiter, que non seulement elles sont inutiles, mais encore qu'elles sont malfaisantes, en ce sens qu'elles surproduisent des diplômes. Comme c'est à l'aide de ces allégations que l'on compte pouvoir engager avec succès le procès contre les Ecoles, « cause de l'état mental actuel des étudiants ». Il nous faut tout d'abord répondre à ces allégations.

L'on reproche à l'Ecole de Droit de jeter un nombre considérable d'avocats sur le pavé. On confond, dans le public, avocats et licenciés en droit. La licence en droit est actuellement un grade que l'on recherche pour entrer dans les administrations ou les offices ministériels plus peut-être que pour se faire inscrire au Barreau. On le recherche aussi pour augmenter les chances d'admission dans les concours qui ouvrent l'accès de certaines écoles. Or, du moment où l'accès dans les carrières administratives et les écoles est facilité par la possession d'un titre, ne semble-t-il pas qu'il faille mettre ce titre à la portée de ceux qui sont capables de l'obtenir et non pas seulement à la portée de ceux qui, en outre de cette capacité, disposent d'assez de ressources pour aller passer plusieurs années en France.

A côté de ces résultats d'intérêt immédiat, est-il défendu de faire valoir ceux qui résultent de l'enseignement des principes sur lesquels repose la justice, ce premier bien des nations ? N'est-il pas bon que, dans un pays comme le nôtre, les notions de justice absolue, c'est-à-dire dégagée de toute influence extérieure, soient répandus le plus possible ? N'est-il pas nécessaire que les hommes qui ont pour mission d'apprendre aux jeunes générations le respect absolu de la loi soient à côté des générations plus vieilles, dont on connait les tendances à subir les influences des pouvoirs administratifs ou des çofs politiques dominants ?

La nécessité du maintien d'une Ecole de médecine n'est guère à démontrer. Cette institution se justifie d'abord par cette considération d'intérêt général, à savoir que partout où il existe des matériaux propres à développer l'enseignement de la médecine, c'est pour la société une obligation stricte de les utiliser, Or l'agglomération d'Alger, la position de cette ville au centre du vaste pays dont elle est la capitale, en font un champ d'études que peu des Facultés de la Métropole possèdent. En second lieu, c'est à Alger même que doivent se former, au moins pour une bonne partie de leurs études, les praticiens qui veulent exercer en Algérie. La médecine algérienne n'est pas sensiblement différente de celle de l'Europe méridionale ; mais encore présente-t-elle des modalités qu'il importe de bien connaître. Il faut ajouter que, puisqu'enfin l'on a compris le rôle important que pourrait jouer le médecin dans la transformation de la société indigène, c'est au contact de cette société qu'il importe de former les futurs missionnaires de la Science.

Enfin, puisqu'en dépit de tout le mal qu'on en dit, quand on n'est pas malade, il faudra des médecins encore pendant de longues années, il est indispensable de mettre un centre d'enseignement à la disposition des jeunes qui veulent embrasser la carrière médicale, sans les obliger à des frais coûteux de séjour hors de chez eux, frais que pourraient supporter seulement ceux qui ont quelque fortune.

Certains considèrent comme un luxe l'enseignement des sciences pures et font le siège de l'école où se donne cet enseignement. Sans doute, ils ne voient pas apparaître immédiatement, après un cours théorique ou après une expérience de laboratoire, les conséquences pratiques de ce cours ou de cette expérience. Ils devraient cependant ne pas ignorer que c'est grâce aux expériences et aux travaux de laboratoire qu'ont été faites les merveilleuses découvertes qui ont si profondément amélioré l'industrie et l'agriculture. Donc partout où l'on enseigne la science pure, on contribue aux progrès de la richesse publique.

L'Ecole des sciences, comme elle en avait reçu mission, ne s'est d'abord occupée que d'appliquer le programme universitaire. Mais il a suffi qu'on lui demandât de faire des cours pratiques pour les futurs colons et de fournir aux agriculteurs tous renseignements utiles, pour qu'elle saisît immédiatement l'occasion qu'on lui offrait de servir les intérêts de la colonisation. Au surplus, elle avait déjà à son actif ses travaux géologiques, dont personne ne peut nier l'importance et les applications de tous les jours.

Enfin, à ceux qui estimeraient encore que la culture des sciences est chose de luxe, nous dirons qu'à Kartoum, qui est entre les mains des Anglais depuis quelques années seulement, il y a déjà de riches, très riches instituts scientifiques, dont les travaux sont édités avec un soin que l'on ne trouve pas dans beaucoup de nos universités. S'il y a un peuple utilitaire au premier chef, c'est bien le peuple anglais ; et pourtant, on le voit, un de ses premiers soucis a été d'élever, dans un pays perdu dans les sables, de magnifiques temples, à la science.

L'Ecole des Lettres a eu et a encore ses détracteurs. On ne devrait pas oublier que c'est à ses littérateurs, à ses philosophes, à ses penseurs que la France doit le plus pur de sa gloire. Les grands littérateurs ne siègent pas le plus souvent dans les Ecoles, il est vrai ; mais c'est grâce à ces foyers intellectuels, grâce à leur rayonnement, que le génie de ces Maîtres s'est révélé et développé. D'ailleurs, le programme de l'Ecole des Lettres d'Alger ne comporte pas seulement l'enseignement purement littéraire. L'histoire et la géopraphie de l'Algérie y tiennent une large place. Si cet enseignement n'existait pas, la critique aurait beau jeu ; l'on ne ménagerait pas les plaisanteries à l'Etat, qui aurait oublié de doter l'Algérie d'un enseignement primordial et qui se conduirait comme les deys de l'ancienne Barbarie.

Dans notre défense des Ecoles supérieures, que l'on aille pas voir au moins un plaidoyer *pro domo mea*. Nous sommes de la maison, c'est vrai ; mais nous avons assez d'indépendance pour ne nous laisser guider que par la vérité. Au surplus, les jours que nous avons à passer dans l'Université sont comptés ; on ne peut donc suspecter notre impartialité.

Nous concluons en disant que ce serait une grosse faute que de toucher à des institutions si utiles, à tous les points de vue, au pays.

Au lieu donc d'agiter, par intervalles, la question de leur suppression, on ferait bien mieux de les encourager, de mettre à leur disposition les ressources, toutes les ressources dont elles ont besoin pour acquérir leur entier développement ; ce n'est pas de ce côté-là qu'il faut songer à réaliser des économies.

Les adversaires de l'enseignement supérieur en Algérie seront donc mal venus à invoquer, au préalable, l'inutilité de cet enseignement et les inconvénients de la surproduction des diplômes, pour mieux faire accueillir le tremplin qu'ils entendent donner à leur nouvelle campagne, à savoir la nécessité d'envoyer les étudiants dans la Métropole pour y modifier leur mentalité ; ce tremplin ne repose sur aucune base sérieuse. Cette prétendue nécessité n'est qu'un prétexte.

Certes, s'il nous était démontré qu'il n'y a pas d'autres moyens de transformer la mentalité de nos jeunes gens, nous n'hésiterions pas un seul instant. Mais, au surplus, à quoi servirait de les envoyer se soigner dans un milieu sain, s'ils doivent revenir respirer de nouveau l'air qui les avait empoisonnés ? Au fiévreux, on fait abandonner le pays dans lequel il a contracté sa maladie ; mais, si, dès qu'il va mieux, on le ramène au foyer d'infection, la rechute est inévitable. Ne serait-il pas plus simple de commencer par assainir le milieu qui donne naissance à l'état mental que l'on veut guérir ? Il est véritablement étrange que l'on se donne tant de peine pour trouver des remèdes, alors qu'il n'y a qu'à tarir la source du mal. *Principiis obsta !*

Que l'on commence donc par ne plus entourer nos fils d'institutions différentes, complètement différentes de celles de la France ; qu'on ne leur apprenne pas que la seule façon de prouver son attachement à la Mère-patrie, c'est d'en être séparé le plus possible ; qu'on leur montre dans la France une mère et non une marâtre ; qu'ils ne la voient plus à travers les brouillards de notre atmosphère *spéciale ;* que l'on chasse de leurs yeux les mirages trompeurs de la politique algérienne ; qu'on les fasse vivre enfin dans une atmosphère française ; qu'on leur fasse respirer *l'air* de France et l'on ne sera pas obligé de s'ingénier à découvrir tant de remèdes, puisque le mal n'existera plus.

La jeunesse de ce pays doit au climat, au souvenir des grandes luttes pour conquérir le régime civil, aux idées jetées sur cette terre par les victimes de l'Empire, un tempérament particulier ; elle est, suivant l'expression de M. Le Myre de Villers « ardente, passionnée, mais généreuse. » Que l'on offre à son ardeur et à ses passions un idéal autre que celui de régimes avec changements à vue, et elle fera peut-être de grandes choses. Or, quel idéal fixe peut-on lui donner, si ce n'est celui qui a fait la grandeur de la France ?

Nous arrivons maintenant aux moyens proposés par M. Paoli. Notre collègue est d'avis de conserver aux naturalisés l'intégralité de leurs droits de citoyen dans les élections du Parlement et des Conseils généraux.

« Alors même que l'Algérie, dit-il, enverrait au Parlement des élus à tendance séparatiste, comme d'aucuns le redoutent, de quel effet cela pourrait-il être dans un Parlement français ? Le déshonneur serait pour ceux qui apporteraient des théories insoutenables » et aussi, ajoutons-nous, pour les électeurs, pour tous les électeurs sans exception, car on ne ferait pas de distinction entre les uns et les autres. Sans vouloir rechercher dans quelles conditions les élections se seraient faites, on nous engloberait tous dans la même réprobation. Ce déshonneur se traduirait par une sorte de quarantaine, ainsi qu'on l'a vu déjà, bien que l'on n'ait pas voté pour des députés à tendances séparatistes ; et la conséquence de cette mise à l'index serait la ruine, pour un pays neuf.

Loin d'obliger la France à prêter une oreille attentive aux affaires algériennes, comme le croit notre collègue, il y aurait plutôt lieu de craindre que, devant des élections séparatistes, le Parlement, se départissant de son indifférence pour nous, ne se laissât aller à la colère et nous livrât, cette fois, non plus à un ancien préfet de police, mais à un gendarme qui aurait fait ses preuves C'est alors que l'Algérie sera véritablement une colonie..... une colonie pénitentiaire, toutefois.

Il faut déplorer, avec notre collègue, que la France n'ait jamais voulu prêter un peu d'attention à nos affaires ; qu'elle ait préféré s'en rapporter à des légendes, à des exposés fantaisistes, à des programmes venant de personnages qui voudraient bien voir revenir les beaux temps d'autrefois. Mais, attendre le bien de l'excès du mal, est un jeu bien dangereux, étant donné que notre mauvaise réputation ne disposera pas nos dirigeants à la bienveillance pour nous. Le mieux est de travailler, comme nous le faisons, à préparer l'avenir, de réunir des documents solides et en nombre suffisant pour éclairer l'opinion ; et s'il vient un jour où la France, plus calme, consent à écouter tous ceux qui, sans intérêt de parti, auront émis leur façon de voir, notre voix sera peut-être entendue.

Les départements algériens deviendront alors des départements français ; il n'y aura plus, par suite, aucune raison de les traiter en étrangers et de ne pas leur montrer autant de sollicitude qu'à ceux de la Métropole. A ce moment, apparaîtra d'une clarté aveuglante la nécessité de mettre tout en œuvre pour peupler de Français la nouvelle France.

M. Paoli ne voit aucun inconvénient à ce qu'une « majorité de naturalisés envahisse les assemblées départementales, les élus de ces assemblées accomplissant une besogne éphémère, sous les yeux du représentant du pouvoir. » Nous sommes surpris que notre collègue qui, avec nous tous, a reconnu le rôle considérable que les Conseils généraux auraient à jouer dans ce pays, se montre aussi tranquille vis-à-vis de l'éventualité d'une prise de possession de ces assemblées par les naturalisés. C'est dans ces institutions que notre Société, voulant faire de l'Algérie un pays véritablement français, a placé tout son espoir ; et il serait disposé à les laisser entre les mains d'élus qui n'auraient de français que le nom !

Au surplus, ne nous met-il pas lui-même en garde contre les dangers d'une telle situation ? Il faut, dit-il, « garantir les représentants de la Métropole contre les menées légales des naturalisés. Il ne faut jamais qu'un gouverneur général et un préfet puissent être tenus en échec par un conseil composé de naturalisés et se prévalant de la loi française. »

Notre collègue, il est vrai, s'exprime ainsi à propos des conseils municipaux ; mais pourquoi cette crainte ne se montre-t-elle pas chez lui à propos des conseils généraux ? Leur durée est éphémère, dit-il. Est-elle si éphémère que cela ? L'une des sessions dure un mois et l'autre 15 jours. En réalité, ils siègent plus longtemps que les conseils municipaux. Pendant ces longues sessions, les naturalisés n'auront-ils pas largement le temps de tenir en échec gouverneur et préfets ? Et cet échec ne sera-t-il pas bien plus grave venant d'élus représentant tout un département, que d'élus représentant quelques localités. Si l'on ajoute que, la commission départementale siégeant pour ainsi dire en permanence, les préfets pourront tous les jours être mis sur la sellette, on verra que M. Paoli se montre optimiste à l'excès.

Pour lui, c'est seulement dans la représentation communale que gît le danger. Aussi propose-t-il une gradation dans l'accessibilité aux fonctions municipales pour les étrangers et les israélites. Ils ne seraient appelés à user du plein effet de leurs droits de citoyen qu'après un certain temps, pendant lequel leur représentation serait limitée proportionnellement à leur nombre et à celui de la totalité des représentants. C'est une sorte de stage qu'il voudrait leur voir imposer ; pendant ce stage, ils acquerraient la mentalité qui les rendrait dignes d'être élevés à la dignité de citoyen français.

Or, notre collègue ne nous a-t-il pas dit lui-même que la transformation de la mentalité d'une nation ne pouvait être que l'œuvre des siècles ? Faut-il compter que, parce qu'ils seront représentés d'une façon quelconque dans une assemblée française, les naturalisés feront de tels progrès qu'on pourra leur ouvrir les portes toutes grandes après la troisième génération ?

D'ailleurs, où s'arrêtera-t-on si l'on commence ainsi à toucher au suffrage universel ? On ne doit pas plus le modifier dans le mode de recrutement des électeurs que dans les droits des élus, sous peine d'attenter au principe lui-même. A force de retouches et de corrections, on en fera un suffrage universel « spécial » aussi. C'est bien assez déjà que l'on ait été mis dans l'absolue nécessité de l'amender pour les indigènes. Pour ceux-là l'exception à la règle se justifiait. Comme ils n'avaient aucune nationalité, il n'était que juste de réserver aux sujets français une certaine place dans les assemblées où se discutaient leurs intérêts immédiats. Mais, d'une autre part, il ne fallait pas songer à leur accorder le plein exercice des droits du citoyen français, car d'abord ils n'étaient pas préparés à la vie publique, et ensuite, si on leur eût donné accès dans les conseils en leur appliquant la loi commune, l'élément français n'y aurait même pas été représenté du tout. Une exception à la règle s'imposait donc (et il est bien fâcheux que l'on ne l'ait pas étendue aux juifs indigènes, pour les mêmes raisons) ; mais de ce que, pour régler une situation impossible à maintenir, il a fallu déroger aux principes, il ne s'ensuit pas qu'on ait été autorisé à avoir recours à cette dérogation pour les cas entièrement différents. En effet, les espagnols et les italiens avaient, eux, une existence légale, une nationalité. Point n'était donc besoin de les incorporer d'office dans la nation française ; et, parce que maintenant l'on constate les néfastes effets de cette naturalisation brutale, il faudrait une nouvelle appropriation du suffrage universel au cas particulier !

Une dernière observation au sujet du système préconisé par notre collègue. Ou bien l'adoption de sa proposition aura un effet rétroactif, et alors on enlèvera à toute une catégorie d'électeurs les droits qu'ils avaient alors exercés, bien qu'on ne puissse faire valoir contre eux aucun motif d'indignité légale. Ou bien, l'effet rétroactif n'étant pas admis, ce qui est certain, il y aura en présence deux variétés d'électeurs naturalisés : les uns, les anciens, jouissant de l'intégralité de leurs droits de citoyen ; les autres, soumis à la portion congrue. Cela ne nous paraît pas possible.

Il ne nous reste plus qu'à parler de l'opinion du dernier rapporteur du budget de l'Algérie, M. Legrand. Ce député ne partage pas l'avis de notre collègue au sujet de la participation des naturalisés automatiques aux élections de la Chambre ; il ne l'admet du moins qu'après un certain stage. Pour les élections départementales et communales, il ne voit aucun inconvénient à cette participation ; seulement, les naturalisés ne pourraient prendre part aux élections sénatoriales, soit comme conseillers généraux, soit comme délégués municipaux, qu'autant qu'ils auraient aussi accompli un stage. Il ne dit pas si les conseillers municipaux naturalisés pourront voter pour les délégués sénatoriaux avec ou sans stage.

Le stage durerait jusqu'à la deuxième génération ; on pourrait toutefois en diminuer la durée, en imposant « certaines garanties au point de vue de l'instruction reçue dans les écoles françaises. »

Quant aux Délégations financières, M. Legrand ne veut pas entendre parler du suffrage restreint actuel, qui fait cependant l'admiration de nos dirigeants. Non seulement il voudrait y voir participer tous les électeurs français d'origine, mais aussi les naturalisés.

Que nous voilà bien loin du suffrage universel ! que de catégories ou de sous-catégories pour l'application d'un principe ! que d'appréciations différentes, quand il s'agit de créer ces variétés et ces sous-variétés. Là où M. Paoli voit un danger extrême, M. Legrand n'en voit absolument aucun, et vice-versa. A vouloir accommoder le suffrage universel à la sauce algérienne, voilà où l'on en arrive ; les meilleurs esprits, pour atteindre le même but, proposent des solutions absolument opposées. Quand on quitte la voie des principes, on s'égare vite dans les sentiers à côté.

Faut-il parler de cette proposition que M. Legrand, après d'autres personnes d'ailleurs, indique pour abréger la durée du stage et qui consisterait à imposer des « garanties au point de vue de l'instruction reçue dans les écoles françaises ? » Sera-ce un examen ? Quelles en seront les matières ? Exigera-t-on le certificat d'études primaires ? En quoi ce certificat prouvera-t-il que le bambin de 12 à 13 ans a « l'âme française ? »

Ce qu'il y a de plus grave à relever dans ces efforts véritablement extraordinaires pour concilier les principes avec des situations particulières, c'est que l'on arrive à des conséquences stupéfiantes. On reste confondu, en effet, quand on voit un législateur venir proposer que le stage soit aussi imposé aux enfants des français : « Ne sera électeur et éligible en Algérie que le citoyen français à la deuxième génération, âgé de 21 ans accomplis. » Ainsi donc, dans un pays français, nous serions mis sur le même pied que les étrangers et cela, parce que « la mesure du stage ne saurait avoir le caractère d'une lutte contre une catégorie de citoyens. » Le fils d'un français, son père eût-il sauvé la patrie, devra marquer le pas comme l'enfant d'un espagnol qui viendra de débarquer, Nous ne nous sentons pas le courage de faire suivre de commentaires la proposition de M. Legrand.

Puisqu'il y a un accord quasi-unanime pour reconnaitre les dangers de la loi de 1889, la solution du problème, nous semble-t-il, réside dans la suppression de son application à l'Algérie ou, si l'on aime mieux, dans sa suspension, jusqu'à ce que les circonstances permettent de l'appliquer de nouveau. Du moment où l'on reconnait la nécessité de remanier les lois existantes, il n'y a pas à hésiter entre le maintien intégral d'une loi de droit public et une loi de circonstances.

La suspension de la loi de 1889 serait, a-t-on dit, une chose fort grave. Certes ! une telle mesure ne peut être prise à la légère. Mais, lorsqu'il n'existe qu'un seul remède à opposer à une situation et lorsque ce remède est infaillible, hésiter serait une faute. Le mal est-il grave, très grave ? Oui ! Les moyens indiqués et que nous avons passés en revue en viendront-ils à bout ? Non ! quelques uns sont des adjuvants précieux de la médication ; mais ce ne sont pas de vrais remèdes. La suspension de la loi de 1889 enraiera-t-elle le mal ? Oui, très certainement. Alors, pourquoi perdre du temps à chercher des palliatifs ?

Au surplus, pour lever toute hésitation à cet égard, il suffirait de poser la question suivante : Si en France la population électorale avait la moindre analogie avec celle de l'Algérie, maintiendrait-on la loi de 1889 vingt-quatre heures ?

La réponse est si peu douteuse qu'en 1898 le président du conseil des ministres, M. Dupuy, avait promis à la tribune de « changer » cette loi.

M. de Solliers estime qu'en revenant « sur les effets bienfaisants de la loi de 1889 » on « froisserait les populations. » Nous ne partageons pas cette crainte. Ceux des étrangers, naturalisés ou non, qui se montreront froissés sont ceux qui ne pourront de nouveau jouer leur grand et leur petit rôle au moment des élections. Ce sont les courtiers électoraux, qui en sont arrivés à traiter de puissance à puissance avec les gouverneurs et les préfets. Ces messieurs devront prendre leur parti de la diminution de leur clientèle. Quant aux dépositaires des pouvoirs publics, ils ne pourront que se féliciter d'être débarrassés des marchandages et des chantages des périodes électorales. Ils n'auront plus qu'à en faire autant du côté des électeurs juifs, et peut-être verrons-nous revenir le temps où en Algérie le suffrage universel s'exerçait honnêtement.

Que l'on accorde la naturalisation d'office à tout étranger ayant volontairement fait son service militaire dans l'armée française, nous applaudirons à cette mesure, parce qu'il y aura dans ce fait une manifestation réfléchie de sentiments français. Mais que la naturalisation soit la conséquence d'une lourde obligation imposée à une catégorie de personnes, nous ne pouvons l'admettre. Pourquoi ne pas décider également que les Etrangers qui seront en état de payer un gros impôt quelconque seront naturalisés, eux aussi ? Au surplus, il importe de ne pas perdre de vue que les étrangers qui ont quelque fortune se font remplacer dans leur Mère Patrie, ce qui prouve bien que le besoin de devenir français n'est pas précisément impérieux chez eux.

Viendra-t-on avancer que, par l'apport du contingent étranger, on augmente la force de l'armée française ? Numériquement, oui ! Mais à quel prix d'abord, et ensuite ne semble-t-il qu'il serait gravement imprudent d'attendre le moment où ce contingent sera mobilisé lors d'une guerre européenne ?

Les étrangers, dit-on, devront alors vivre désormais en parias sur notre sol ? Jusqu'à la loi de 1889, étaient-ils des parias ? Les a-t-on entendus se plaindre de leur régime ? Beaucoup avaient réalisé de véritables fortunes ; un très grand nombre était dans l'aisance et les plus malheureux ont toujours mené à nos côtés une vie bien moins pénible que dans leurs foyers. Ils auraient bien ri, si on leur eût appris qu'ils étaient des déshérités du sort.

Pourquoi seraient-ils des déshérités, parce qu'à l'avenir ils ne deviendraient plus automatiquement et en bloc des citoyens français ? Est-ce que ceux qui voudront venir à nous ne pourront pas le faire en entrant par la porte de la naturalisation individuelle ? Les Français de Barcelone, pour ne parler que de ceux-là, parce qu'ils habitent le pays où nous recrutons chaque année tant de citoyens français, sont-ils des parias ?

Nous ajoutons que la naturalisation individuelle aura le précieux avantage de ne laisser venir à nous que des gens propres et ayant sincèrement le désir de devenir Français, ce qui n'est pas le cas avec la naturalisation en masse. Les formalités à remplir ne sont pas telles qu'elles puissent éloigner ceux qui brigueront l'honneur d'exercer en France le droit de citoyen. Disons à ce sujet qu'il n'est que temps de renoncer à faire du titre de citoyen une obligation et de rendre à ce titre son prestige et sa dignité. Il est désirable, devons-nous dire en passant, de ne plus voir le gouvernement français nommer à une importante fonction ministérielle un étranger naturalisé la veille de sa nomination à cette fonction.

Il est également désirable de ne plus voir se renouveler l'affligeant spectacle d'un étranger élevé à la dignité de citoyen français, alors que quelques jours avant, il avait publiquement insulté la France.

La suspension de la loi de 1889, nous croyons l'avoir démontré, s'impose donc, et dans le plus bref délai, si l'on ne veut arriver trop tard pour conjurer le danger. Actuellement la chose est encore possible, à une condition toutefois, c'est que l'on ne reculera devant aucun effort, aussi considérable qu'il soit, pour jeter ici un contingent métropolitain capable de contrebalancer l'influence des nouveaux français qui ont pris place parmi nous depuis 1889. Le nombre des naturalisés devant être désormais très réduit, et, d'un autre côté, celui des renforts venus de la Métropole devant croître largement, on peut lutter avec chances de succès ; ce n'est qu'à ce prix, on ne saurait trop haut le crier, qu'on obtiendra la victoire.

Mais, n'est-ce pas chimère que d'espérer voir se diriger de nouveau vers l'Algérie un courant de paysans français ? N'allons-nous pas nous heurter à la légende d'après laquelle le Français n'est pas colonisateur ? M. Paul Bert, qui ne s'arrêtait pas aux clichés et aux légendes, retrace en ces quelques lignes l'histoire des colons qu'il a vus à l'œuvre :

« J'éprouve la plus vive admiration, la plus respectueuse sympa-thie pour ces colons, qui, au milieu de conditions si difficiles, ayant à lutter non seulement contre le climat, contre la lenteur, la routine, l'incohérence des mesures administratives ; tenus en défiance et trop souvent abandonnés, sinon combattus par l'autorité qui aurait dû les protéger ; n'ayant pour les défendre ni journaux, ni représentants ; dédaignés ou du moins négligés par les pouvoirs publics, ont su néanmoins, à force de courage et de sagesse, défricher le sol, bâtir des villes et conquérir le régime civil, c'est-à-dire la liberté. »

Oui certes, l'histoire de la conquête de l'Algérie par la pioche et la charrue est pleine de pages sublimes. Elle est malheureusement peu connue de nos concitoyens de la Métropole ; l'on sait bien en France que tous les colons sont buveurs d'absinthe, mais on ne se doute guère des hauts faits de colonisation dont de nombreux et obscurs paysans ont été les héros. Elle donne le plus éclatant démenti à la légende.

La vérité est, que, si le courant d'émigration s'est ralenti et même a cessé complètement pendant certaines années, c'est qu'il y a eu de très grosses fautes commises au début. Il eût suffi de prendre quelques précautions, quelques mesures d'hygiène et d'exécuter quelques travaux d'assainissement ; il eût suffi de donner des guides aux premiers immigrants, pour que des milliers de colons n'eussent pas été conduits inutilement à la mort. Des villages entiers ont été fauchés par la malaria, dès leur naissance. Il nous a été donné d'assister au dépeuplement de deux villages, en l'espace de quelques jours. Les nouveaux colons, ainsi envoyés au champ de mort, étaient pourtant des gars solides et d'une santé florissante à leur arrivée. Ces lugubres étapes de la colonisation se rencontrent malheureusement trop souvent dans les annales de l'Algérie ! Les échos de ces désastres se sont répercutés dans le monde des campagnes de la Métropole, et les quelques survivants qui sont retournés chez eux n'ont eu qu'à montrer leur figure hâve et leur corps décharné, pour arrêter net le mouvement qui se dessinait en faveur de l'Algérie. Un personnage politique, qui a joué un grand rôle dans le département d'Alger, a dit un jour en plein Conseil général, que la colonisation ne pouvait se faire qu'à coups de cadavres. Ces paroles ont eu aussi un grand retentissement en France ; il est fâcheux que les directeurs de l'opinion publique en aient déduit que le Français n'était décidément pas colonisateur.

Aujourd'hui l'administration a compris qu'elle n'avait pas le droit de jouer avec des existences humaines ; on fait certes mieux qu'autrefois, mais ce n'est pas encore suffisant. Au risque de passer pour orfèvre, nous nous permettons de faire remarquer qu'on ne sait pas assez faire appel aux connaissances et au dévouement des médecins. Les Anglais, qu'on peut ne pas aimer, mais auxquels il faut cependant reconnaître un très grand sens pratique, ont à leur actif une guerre, celle des Achantis, qu'ils ont appelée la « guerre des médecins et des ingénieurs », parce que c'est grâce aux instructions fournies par les uns et les autres et ponctuellement suivies, que dans cette campagne, entreprise sous un climat des plus meurtriers, il y n'y eut pour ainsi dire pas de pertes d'hommes. Pourquoi n'y aurait-il pas ici « la colonisation des médecins ? » Malheureusement le médecin, à moins qu'il ne soit indigène, est en Algérie la bête noire de l'Administration, et tout ce que celle-ci demande à ses fonctionnaires d'ordre médical, c'est de ne pas entendre parler d'eux.

Cette antipathie pour des gens qui ont cependant quelque compétence en matière d'hygiène, est profondément regrettable, car des médecins auraient, pour ne citer que cet exemple, évité à l'administration les regrets d'avoir elle-même, à l'aide des canaux d'irrigation construits à grands frais, empoisonné de malaria un des derniers centres créés et qui eût été très sain sans cette maladresse administrative.

Placer les colons dans les meilleures conditions hygiéniques devra donc être la première préoccupation de l'administration ; il importe que le paysan français tienne pour certain que l'on se porte aussi bien ici qu'au « pays ». La seconde tâche de nos gouvernants sera d'assurer la sécurité. Si l'on ne peut affirmer au futur immigrant qu'un seul épi de son champ ne sera jamais touché et que jamais sa vache ne lui sera volée, les portes de l'écurie restassent-elles ouvertes, il est inutile de chercher à le faire venir dans le pays où fleurit la *bechara* et où s'épanouissent les douars de Beni-Zerrach, qui ne vivent, au su de tous, que du produit de leurs vols.

Il serait temps que l'on s'occupât enfin de garantir la sécurité aux colons, à qui l'on doit la conquête pacifique de l'Algérie. Il y a quelque vingt ans qu'aux applaudissements enthousiastes de tous, a été prononcé le serment, pourrait-on dire, qui promettait la sécurité. Depuis qu'a-t-il été fait ? On a bien créé des tribunaux expéditifs (il a fallu s'y reprendre à deux fois pour faire quelque chose d'informe) ; mais où est la police qui doit prévenir les crimes et les délits ? Où est la force publique qui doit découvrir les coupables et les amener devant les tribunaux ? L'impunité, cette cause principale de l'extension de la criminalité, voit chaque année son coefficient s'élever, pendant que l'on discute pour savoir à qui incomberont les dépenses de surveillance et de répression. Et pourtant, on semble malheureusement l'ignorer, l'insécurité a fait à la colonisation presque autant de mal que la fièvre. Nombreux, en effet, sont les colons qui sont partis découragés, brisés par les incessantes rapines de leurs voisins indigènes, gémissant de voir leur œuvre édifiée au prix de tant de peines passer entre les mains de l'Indigène ou de l'Espagnol plus aventureux et que ne rebute pas la vie à coups de couteau ou de fusil. Cet affligeant spectacle de l'accaparement des terres par les Etrangers et du retour des lots de colonisation aux mains des Indigènes (dans de grandes proportions, en certaines régions) ne semble pas avoir beaucoup ému les pouvoirs publics !

Quant aux colons qui ont tenu bon, continuant à lutter, sans un moment de trêve, contre les voleurs, combien, dans leurs moments d'exaspération, ont maudit le jour où, sur la foi de belles promesses, ils sont venus apporter ici les uns leurs bras, les autres leurs capitaux. Qu'on y prenne garde ! Les idées séparatistes, que reprouvent énergiquement les colons d'aujourd'hui, pourraient bien un jour trouver un écho chez ces exaspérés de la campagne. Déjà à leurs cris de malédiction se mêlent parfois des cris de révolte, qu'étouffe aussitôt chez eux l'amour de la patrie ; mais il ne faudrait pas trop souvent mettre leur énergique patience à l'épreuve. Si, dans les villes, les tendances séparatistes ne sont, à vrai dire, que l'expression d'ambitions maladives ou présomptueuses, de déceptions d'esprits supérieurs méconnus, de déconvenues d'hommes d'affaires, de rancunes de çofs, du besoin de faire quelque bruit dans l'arrondissement, si elles sont le résultat d'une politique incohérente et sans objectif, ces tendances, lorsqu'elles viendront sonner de nouveau aux oreilles des colons affolés, pourraient bien, dans ces souffrances et dans ces colères longtemps accumulées, allumer un immense foyer, que tous les beaux discours de nos dirigeants d'alors et leurs pompeuses mais tardives promesses seront impuissants à éteindre ! Bien coupables sont ceux qui, ayant charge de l'avenir, ne voient rien, n'entendent rien, car ce foyer sera autrement tenace et autrement terrible que celui des villes. Ce n'est pas sans un angoissant serrement de cœur que nous avons entendu de bons Français, des colons ayant passé les deux tiers de leur existence sur le sillon, évoquer les justes plaintes des Cubains et approuver leur conduite. Ceux-là seuls qui n'ont pas passé par les affreuses anxiétés de la ruine après toute une vie de travail, ceux-là seuls peuvent leur jeter la première pierre.

Puisque nous devons rechercher tous les moyens d'augmenter la population française et surtout la population des campagnes, il nous faut envisager ce que l'on pourrait faire pour déterminer un courant sérieux d'émigrants de la Métropole sur l'Algérie. L'office du gouvernement général à Paris rend très certainement de grands services à la colonisation ; c'est une œuvre à conserver et à encourager, en la rendant moins administrative toutefois, c'est-à-dire en se bornant à subventionner un comité particulier. Actuellement l'office est une sorte de succursale de l'administration algérienne ; c'est un bureau où les fonctionnaires viennent aux heures fixées, et d'où ils s'échappent à la minute réglementaire, tout leur devoir consistant à y s'éjourner le temps voulu. Un comité, livré à sa propre initiative et certain d'être d'autant mieux récompensé qu'il travaillera davantage, saura faire d'excellente besogne.

A côté de ce comité central, fonctionneraient d'autres institutions dues à l'initiative privée. Il en existe déjà une, « l'Association coloniale de l'Afrique du Nord ». Cette société, à laquelle se sont affiliés d'autres groupements de personnes issues d'un même département ou d'une même région de la Métropole, s'occupe de solliciter l'émigration, fournit des renseignements à ceux qui veulent franchir la Méditerranée, les suit, les aide, les encourage, quand ils se fixent ici. On doit attendre les plus heureux effets de cette association ; et, si elle comptait de très nombreux adhérents, elle contribuerait pour une bonne part, cela n'est pas douteux, à résoudre le problème de la colonisation par les Français. Il est regrettable de constater que toutes les personnes qui se lamentent sur les difficultés que rencontre dans la Métropole le recrutement des colons, ne songent pas à apporter leur petite obole à une œuvre patriotique entre toutes.

Une autre œuvre que nous devons également encourager, est celle de la propagande dans la Métropole. L'administration s'en occupe avec un soin louable ; mais il serait bon que l'initiative privée lui apportât son concours, ne serait-ce que pour stimuler le zèle des missionnaires officiels. Des milliers de nos concitoyens se rendent chaque année dans la Métropole, au moment des vacances ; si la centième partie d'entre eux seulement voulait faire une ou deux conférences, soit dans les villes d'eaux auxquelles ils vont demander le rétablissement de leur santé, soit dans les petites villes et les villages où ils vont se reposer et se retremper, que de recrues ils nous amèneraient ! Il leur suffirait de dissiper les malentendus qui règnent sur l'Algérie et qui proviennent, en grande partie, des fautes commises dans les premiers temps, de détruire les légendes qui lui ont causé un si grand préjudice, de la montrer sous son véritable jour enfin, pour que les recrues abondent et, s'enrôlant en masse parmi les croisés, viennent prendre leur part à la fondation de l'autre France sur des bases inébranlables.

Il y aurait aussi à mettre en pratique une mesure que nous avons vainement préconisée, il y a beau temps. Les départements et les communes accordent des bourses d'enseignement à des jeunes gens qui se destinent à la médecine, au barreau, aux beaux arts et aux écoles du gouvernement. Pourquoi, dans un pays dont la principale richesse est et sera longtemps l'agriculture, ne donnerait-on pas des bourses à ceux qui veulent contribuer à augmenter cette richesse ? Cet argent ne serait-il pas au moins aussi bien placé que lorsqu'il s'agit d'encourager les carrières dites libérales ou d'améliorer la race chevaline ? Si l'on admettait en principe que ces bourses ne seront que des avances, rêmboursables lorsque l'ancien boursier sera à l'aise, l'on arriverait à constituer avec les remboursements une caisse qui serait un jour en état de subvenir à tous les besoins.

Enfin si, comme nous l'avons dit plus haut, on accordait de droit une concession et une bourse de colonisation à tout soldat venu de la Métropole et ayant quitté l'armée avec le grade de sous-officier, on aurait des chances de renforcer l'armée de la colonisation. Une mesure analogue a déjà été adoptée en principe. Mais elle est ignorée dans le monde des campagnes de la Métropole ; il serait indispensable de lni donner la plus grande publicité, en la modifiant dans le sens que nous venons d'indiquer.

En attendant que l'on en trouve d'autres, tels scraient les moyens que l'on pourrait dès maintenant mettre en œuvre pour appeler et retenir auprès de nous le contingent métropolitain qui, avec nos enfants, fera de l'Algérie un pays fort et surtout français d'esprit et de cœur.

CONCLUSIONS

1° Suspension de l'application en Algérie de la loi de 1889 sur la naturalisation ;

2° Développement sur les plus larges bases de l'instruction primaire donnée aux enfants des Français et des Etrangers ;

3° Exemption d'une année de service militaire pour les enfants de colons des villages et des fermes et pour les ouvriers agricoles ;

4° Envoi du contingent algérien dans la Métropole ;

5° Obligation pour les Algériens promus fonctionnaires de séjourner quatre ans dans la Métropole ;

6° Création de bourses agricoles pour les fils de colons ;

7° Attribution de concessions aux jeunes gens venus de la Métropole et ayant passé un certain nombre d'années sous les drapeaux ;

8° Attribution, le cas échéant, de bourses agricoles à ces concessionnaires ;

9° Transformation de l'office algérien à Paris ;

10° Appel au public, pour l'engager à faire partie de sociétés analogues à celle de l'Association coloniale d'Algérie ;

11° Organisation de conférences faites par les Algériens, pendant leur séjour dans la Métropole.

BLIDA. — IMPRIMERIE ADMINISTRATIVE A. MAUGUIN.